# Breve historia de
# Hernán Cortés

# BREVE HISTORIA DE
# HERNÁN CORTÉS

Francisco Martínez Hoyos

nowtilus

**Colección:** Breve Historia
www.brevehistoria.com

**Título:** *Breve historia de Hernán Cortés*
**Autor:** © Francisco Martínez Hoyos

**Copyright de la presente edición:** © 2014 Ediciones Nowtilus, S.L.
Doña Juana I de Castilla 44, 3º C, 28027 Madrid
www.nowtilus.com

**Elaboración de textos:** Santos Rodríguez
**Revisión y adaptación literaria:** Teresa Escarpenter

**Responsable editorial:** Isabel López-Ayllón Martínez
**Maquetación:** Patricia T. Sánchez Cid
**Diseño y realización de cubierta:** Reyes Muñoz de la Sierra
**Imagen de portada:** Retrato anónimo de Hernán Cortés, Museo de la
Real Academia de Bellas Artes de San Fernando. Inventario 0031. Óleo
sobre lienzo. Altura: 58 cm; anchura: 49 cm. Retrato basado en el cuadro
enviado por Hernán Cortés a Paulo Giovio, tipo representado de perfil,
con sombrero, que sirvió de modelo a muchas representaciones de su busto
desde el siglo XVI.

**ISBN edición impresa:** 978-84-9967-554-1
**ISBN impresión bajo demanda:** 978-84-9967-555-8
**ISBN edición digital:** 978-84-9967-556-5
**Fecha de edición:** Febrero 2014

Impreso en España
**Imprime:** Servicepoint
**Depósito legal:** M-824-2014

A Maria Ràmia Aracil

# Índice

# Introducción

Pocos personajes históricos han generado visiones tan contrapuestas como Hernán Cortés. Para sus admiradores, es el héroe de una gesta irrepetible: con apenas unos centenares de hombres, logró apoderarse del Imperio azteca, y lo hizo en unas circunstancias tan adversas que el biógrafo Bartolomé Bennassar lo ha llamado «el conquistador de lo imposible». Para sus críticos, en cambio, representaría el arquetipo de los bárbaros que se abalanzaron sobre el Nuevo Mundo, tan sedientos de oro y esclavos que para conseguirlos no repararon en medios, por atroces que fueran. De ahí que un libro titulado *Malos de la Historia de España* lo incluya en su lista de perversos. De él se hace un retrato negrísimo, lógicamente: «Cortés era astuto, mentiroso, maquiavélico, atributos del político renacentista que le sirvieron mucho para dividir a los indígenas y utilizar las divisiones en su favor». Para los autores de este estudio, Juan Carlos Losada y Gabriel Cardona, la actitud del español, al abusar ostensiblemente de Moctezuma, el emperador azteca, se situaría en las antípodas del código del honor caballeresco.

De hecho, esta visión oscura es la que ha predominado en el imaginario popular. ¿Responden tales acusaciones a la realidad objetiva o, por el contrario, obedecen a una leyenda negra orquestada con talento? Lo cierto es que la controversia arranca ya en el siglo XVI. Si las fuentes aztecas, recogidas por fray Bernardino de Sahagún, presentaban a un Hernán Cortés obsesionado con las riquezas, las crónicas españolas dibujaban a un paladín a la altura de los personajes homéricos. Si un Bartolomé de las Casas denunció terribles matanzas, uno de los conquistadores, Bernal Díaz del Castillo, rechazó el cargo con indignación por ser, a su juicio, fruto de la fantasía.

En realidad, la documentación desmiente las posiciones extremas. A quien piense en Cortés como en una especie de Hitler con armadura y arcabuz, le sorprenderá saber que el extremeño llegó a denunciar ante el rey los abusos de sus compatriotas con la población indígena: «Ya falta más de la mitad de la gente de los naturales, a causa de las vejaciones y malos tratamientos que han recibido». El conquistador se refería a la actuación de las autoridades novohispanas, que habían aprovechado su ausencia de México, con motivo de un viaje a España, para cometer todo tipo de desmanes. Otro asunto es hasta qué punto le importaban los derechos de seres humanos concretos o, si por el contrario, se limitaba a lamentar la destrucción de una fuente de riqueza, lo que hoy denominaríamos «recursos humanos». Para Tzvetan Todorov, su comportamiento encarna una llamativa contradicción: a la misma persona que cae deslumbrada ante una cultura ajena, no se le ocurre pensar que sus artífices sean personas individuales. Desde esta óptica, Cortés vendría a ser el equivalente de los actuales turistas, que al viajar por el Tercer

Mundo valoran la artesanía local sin preocuparse por los artesanos. Y, sin embargo, su testamento da a entender que sentía remordimientos por las injusticias cometidas... Personaje poliédrico como pocos, se resiste una y otra vez a las definiciones fáciles.

Nos encontramos, pues, ante unos hechos que exigen una muy difícil valoración. Entre otras razones porque se producen en un universo mental muy distinto al nuestro, en el que nociones como libertad o derechos humanos resultan por completo extrañas. Alguien podría objetar que el mandamiento religioso «No matarás» existía desde mucho antes, pero este es un argumento simplista. Los conquistadores, en tanto que cristianos, tienen la obligación de aceptar los preceptos bíblicos. Pero los mismos, como cualquier texto, son susceptibles de interpretación. Para un creyente de la época, empuñar las armas no ofrecía ningún problema moral siempre que de por medio hubiera una causa justa. Algo que podía hallarse con facilidad, a partir de argumentos más o menos sinceros sobre la necesidad de llevar la luz de la civilización a naciones esencialmente bárbaras.

Si se quiere ser objetivo, hay que huir tanto de la leyenda negra como de la leyenda rosa, sin dejar de reconocer que en ambas se encuentra una parte de razón. Más que de juzgar a un personaje, se trata de comprenderlo, algo que no es sinónimo de justificar cada uno de sus desafueros. Y esta labor de discernimiento exige abrirse a una realidad compleja, en la que perviven tanto elementos medievales –el guerrero caballeresco aún representa un modelo a seguir–, como renacentistas. Por encima del honor, lo que primará será la despiadada razón de estado, que prescribe el uso de la crueldad si de ella se deriva un bien público. Maquiavelo, el más destacado apologista de esta mentalidad, no duda en prescribir al hombre político un pragmatismo que huye de las consideraciones morales: «Y hay que saber esto: que un príncipe, y sobre todo un príncipe nuevo, no puede cumplir todas las cosas que hacen que llamen bueno a un hombre, sino que necesitará con frecuencia para mantener el estado, obrar contra la palabra dada, contra la caridad, contra la humanidad, contra la religión».

Nos hallamos, pues, en un campo minado en el que las palabras van cargadas de connotaciones. El concepto de 'conquista', por ejemplo, se ha cuestionado por su contenido colonial, ya que implicaría que los únicos protagonistas fueron los españoles, relegando a los indígenas al papel de simples comparsas. Sin embargo, otras alternativas también ofrecen problemas, como la propuesta del Gobierno mexicano con motivo de los fastos del quinto centenario del primer viaje colombino. Lo que se produjo en 1492 no habría sido un descubrimiento sino un «encuentro», término que resulta demasiado suave al disimular el ejercicio del poder por parte de unos y la sumisión a la que se vieron sometidos otros. Como dice el historiador Arndt Brendecke, las agresiones quedan así desdibujadas.

Pero esta violencia, indudable, no se dio sólo en una dirección, la de los agresivos conquistadores hacia los nativos indígenas inocentes e indefensos, a los que el mito del buen salvaje condena a una nueva forma de paternalismo. Desde una óptica indigenista se suele suponer que la llegada de los españoles marcó el inicio de la opresión de los pueblos autóctonos, como si la América prehispánica fuera una sociedad poco menos que idílica. Esta visión, por desgracia, enmascara las tensiones en el mundo prehispánico, dividido, como el europeo, en opresores y oprimidos. Un historiador mexicano, Federico Navarrete Linares, critica con razón el maniqueísmo que ha invadido la historia tradicional de su país, al contraponer al indio «bueno» con el «malvado» blanco. «En esa guerra atroz, ambos bandos cometieron crueldades y algunas de las peores estuvieron a cargo de los mexicas y los aliados indígenas de los españoles, que se vengaban así de ofensas recibidas».

Se trata, por tanto, de aparcar prejuicios y de ponerse en la piel de los tlaxcaltecas o los totonacas: estos no apoyaron a Hernán Cortés porque fueran traidores, sino porque realizaron una evaluación de costes y beneficios. Se les presentó una ocasión única para librarse de la dominación azteca y decidieron aprovecharla. En cuanto a los españoles, intentemos colocarnos en el lugar de unos hombres que, al llegar a tierras americanas, se hallaron frente a un mundo que desconocían por completo, sin apenas puntos de referencia para comprenderlo. Todo en él ofrecía fascinantes novedades. López de Gómara, en su *Historia general de las Indias,* expresa muy bien este sentimiento de maravilla ante los incesantes hallazgos. Nada se parecía a la vieja Europa, ni el entorno natural ni las culturas de los pueblos nativos:

> Los animales en general, aunque son pocos en especie, son de otra manera; los peces del agua, las aves del aire, los árboles, frutas, yerbas y grano de la tierra, que no es pequeña consideración del criador, siendo los elementos una misma cosa allá y acá. Empero los hombres son como nosotros, fuera del color, que de otra manera bestias y monstruos serían y no vendrían, como vienen de Adán.

Por tanto, aunque los colonizadores pretendieran reproducir el modelo de Castilla, el resultado tuvo que ser forzosamente distinto. ¿Fue Hernán Cortés el representante arquetípico de este poder español? Sus expediciones, como más tarde las de Pizarro, responden a lo que ahora llamaríamos «iniciativa privada». De ahí que sus protagonistas posean un acentuado orgullo: consideran que el mérito les pertenece a ellos en solitario, en tanto que actores de una gran hazaña sin el respaldo de su metrópoli. Díaz del Castillo así lo afirma en el comienzo de su *Historia verdadera,* cuando proclama que sus compañeros descubrieron la Nueva España, el actual México, a su costa, «sin ser sabedor de ello su majestad». Sin nadie que los socorriera, ellos se habían enfrentado a un mundo extraño, en medio de mil peligros, soportando toda suerte de penalidades para ganar así un territorio que después pusieron en manos de su emperador, Carlos V, como fieles vasallos que eran.

Este tipo de lamento lo hallaremos en más de una ocasión. Francisco Pizarro, sin ir más lejos, se quejó de que nadie lo había ayudado a vencer a los incas, pero que después de pasado el peligro le enviaban a un supervisor para que controlara sus actos. Un cronista de la época, Gonzalo Fernández de Oviedo, abunda en la misma idea al señalar que la Corona no se jugaba sus recursos financieros y humanos en los descubrimientos, limitándose a contribuir con «papeles y buenas palabras».

## CONQUISTADORES DE CARNE Y HUESO

Sin un imperio poderoso que les respaldara, los españoles necesitaban buenas razones para abandonar sus hogares, cruzar el océano y arriesgar sus vidas. ¿Qué tipo de motivación los impulsó? Aunque la historia militar tradicional se extasíe con las páginas gloriosas, detrás de cada hazaña, real o supuesta, se escondía una realidad desagradable: la que reflejan los cronistas de Indias con valiosa información sobre un cúmulo de durísimas experiencias, muy alejadas del *glamour* que a veces se presupone a los héroes. En territorio desconocido, los conquistadores se acostumbraron a dormir calzados y con las armas preparadas. Sin posibilidad de recibir refuerzos y sometidos a todo tipo de privaciones, debían vivir en alerta permanente si querían tener una oportunidad de sobrevivir.

Pero, a cambio del peligro, perseguían oportunidades de progreso económico y social. Se trataba, en palabras de Bernal Díaz, de «procurar ganar honra». Un

Retrato de Hernán
Cortés

hombre que se preciara tenía la obligación, nos explica en su crónica, de hacer lo posible en beneficio de su progreso personal: «Los nobles varones deben buscar la vida, e ir de bien en mejor». Por su parte, Bernardo de Vargas Machuca, en *Milicia indiana,* insiste en lo mismo con una sinceridad aún más descarnada: «Si el soldado trabaja, es por el deseo de riquezas». Por eso mismo, para un jefe militar tiene gran importancia el repartir con generosidad los tesoros ganados, si quiere fidelizar a su tropa. Generosidad que no significa derroche, ni arbitrariedad, sino dar a cada uno aquello que le corresponde en función de sus méritos.

La búsqueda de riquezas, lejos de ser una cualidad vergonzosa, definía al común de los mortales. Lo que no excluía, según Díaz del Castillo, móviles más elevados como el servir a Dios y al Rey. De hecho, el servicio fiel al monarca constituía para él un timbre de gloria que le hacía anteponer en mérito la Nueva España al Perú, donde los conquistadores se habían rebelado contra la Corona, enzarzándose en violentas guerras civiles.

Esa ansia de promoción social conducirá a la obsesión por acumular cuantos más tesoros mejor. Las fuentes de la época no disimulan el afán de lucro de los españoles, expresado en ocasiones de manera muy gráfica y ostentosa. Así, tras la toma de Coyoacán, cuando celebraban una especie de banquete de la victoria, el exceso de vino desató las lenguas: hubo quien dijo que pensaba comprar caballos con sillas de oro, o que haría de ese metal sus saetas. Nos situamos, en suma, ante las típicas manifestaciones de dispendio de unos nuevos ricos.

Cortés se hallaba al frente de esta tropa de aventureros codiciosos, a veces indisciplinados. ¿Cómo se las arregló para imponer su autoridad? Para su amigo Bernal Díaz, resulta evidente que fue un «valeroso y esforzado capitán». En este punto, el del valor, coincide con todas las fuentes disponibles, ya que ni siquiera los enemigos de Cortés se atrevieron a tacharlo de cobarde en la más mínima ocasión. Era, por así decirlo, el más valiente entre hombres por naturaleza atrevidos. Sin esta cualidad, difícilmente se hubiera hecho respetar entre soldados para nada sumisos, a quienes mandaba ocupándose personalmente de cualquier detalle: «Tenía gran vigilancia en todo». Una vez planificada cuidadosamente la batalla, se lanzaba al combate como uno más, dando ejemplo, igual que a la hora de soportar el hambre y el cansancio. ¿Padecía, tal vez, algún tipo de tendencia suicida que lo impulsaba a no rehuir el peligro? Quizá sí, o quizá sólo era consciente de que tenía que ser un modelo a seguir si quería que sus órdenes se obedecieran. «Vuestro caudillo soy, y seré el primero en aventurar la vida por el menor de los soldados», dijo a sus hombres en cierta ocasión, durante el inicio de la aventura mexicana.

Aunque la visión de Bernal dista de ser acrítica, el afecto y la admiración que siente por su antiguo jefe quedan más que patentes en su crónica. En ningún momento duda de su talla excepcional, comparable a la de grandes guerreros de la Antigüedad como Alejandro Magno, Aníbal, Escipión el Africano, Julio César o Pompeyo. El mundo clásico, por cierto, será siempre un rasero con el que los españoles medirán los acontecimientos del Nuevo Mundo, con el fin de demostrar que sus hazañas no desmerecían de las protagonizadas por griegos, cartagineses o romanos. A título de muestra, vemos lo que dice Bernardo de Vargas Machuca en el inicio de su *Milicia indiana:* «[...] Los romanos, porque tuvieron clavada la rueda de la fortuna por largos años, hasta que los Católicos Reyes de España oscurecieron y derribaron su nombre de la cumbre en la que estaban colocados, por su gobierno y espada, quitándoles de las manos la fortuna que tan asida tenían, tomándola para sí, extendiendo tan largamente las alas de la fama por sus famosos hechos».

El liderazgo de Cortés, más que en la fuerza, se basaba en la persuasión. Nos encontramos ante un capitán lo bastante lúcido como para permitir la expresión de opiniones discordantes. Lo bastante inteligente como para seguir un consejo acertado, viniera de donde viniera, sin pretender que su postura prevaleciese siempre. Como más tarde explicará Vargas Machuca, el buen general es el que deja al soldado manifestar lo que siente. Sea porque espera sacar un beneficio de su opinión o meramente por sentido de la cortesía.

Convencido de este principio, nuestro hombre, más que imponer su autoridad por las bravas, pretendía convencer a los hombres bajo su mando. Las decisiones se toman después del debate, pero no hay que hacerse falsas ideas sobre una «democracia militar». Antes de plantear un tema, Cortés tiene la precaución de hacer el trabajo previo de buscarse apoyos. De esta manera evita que se produzcan imprevistos.

No en vano, nos encontramos ante un manipulador consumado, capaz de ejercer el poder con puño de hierro pero con guante de seda. Lo demuestra cuando se dirige a los suyos con exquisita educación, utilizando expresiones como «hermanos y caballeros» o «señores soldados». Si ha de pedirles que lo escuchen, lo pide «por merced», es decir, por favor, sin decir una palabra más alta que otra ni desahogarse con blasfemias, tan en boca de unos profesionales frecuentemente rudos como son los soldados, siempre con una afabilidad y un *savoir-faire* que le hacían ganarse el corazón de sus hombres. El hecho es que, ante toda clase de interlocutores, sabrá desplegar un arte indiscutible para la diplomacia. Cuando se lo proponía, lograba convertirse en un seductor, en un encantador de serpientes capaz de conquistar a propios y extraños con su despliegue oratorio. «Cortés siempre atraía con buenas palabras a todos los caciques», nos cuenta Bernal Díaz del Castillo, quien se quita el sombrero ante la elocuencia de su capitán.

En resumen: como decía Antonio de Solís, historiador del siglo XVII, nos hallamos ante un comandante que sabía «ser superior sin dejar de ser compañero». No se puede resumir mejor el talento para ejercer la autoridad conciliando polos en apariencia opuestos.

## CORTÉS, EL PREDICADOR

Cortés era militar, también político. Y, por extraño que suene, también un misionero insistente, a veces fanático. No en vano, la espada y la cruz acostumbraban a ir unidas. En la *Historia verdadera de la conquista de España*, aparece a menudo insistiendo a los indios para que abandonen sus creencias, a las que descalifica por idolátricas, en beneficio de la auténtica fe, la cristiana, por supuesto. De ahí que, en repetidas ocasiones, presione a los autóctonos para que se deshagan de sus dioses, esas «cosas malas» que amenazan con llevarlos al infierno, para sustituirlos por imágenes de la Virgen María, ofreciéndoles a cambio la salvación de su alma, pero también beneficios más inmediatos y tangibles como buenas cosechas.

Su estilo es, en efecto, el de un predicador. Lo comprobamos en un parlamento que reproduce Gómara, dirigido a los indios, en el que parece más un religioso que un militar: «Todos los hombres del mundo [...] tienen un mismo principio y fin de vida, y traen su comienzo y linaje de Dios, casi con el mismo Dios. Todos somos hechos de una manera de cuerpo, de una igualdad de ánima y de sentidos; y así, todos somos, no sólo semejantes en el cuerpo y alma, más aún también parientes en sangre».

Sin embargo, pese a esta igualdad esencial, la providencia ha querido que unos nazcan sabios y otros no. Por eso, los primeros tienen la obligación de enseñar a los segundos e instruirlos en el conocimiento más importante, el de las cosas divinas. No obstante, dentro del bando español, no todos compartían la tendencia a imponer el cristianismo por la fuerza. Un sacerdote que acompañaba la expedición insistió en que no se debía coaccionar a los nativos para que se convirtieran al catolicismo, porque, a fin de cuentas, si se destruían sus templos, se limitarían a adorar a sus ídolos en otros lugares.

Cortés, en una demostración de pragmatismo, siguió el consejo. A juzgar por los datos disponibles, debió de ser un hombre devoto, siempre atento a presentar sus respetos a los sacerdotes y a cumplir con puntualidad sus obligaciones piadosas, ya fuera asistiendo a misa o participando en procesiones.

Su religiosidad, lejos de ser criticada en su tiempo por «demasiado beata», iba a crear escuela. En *Milicia indiana,* Vargas Machuca aconseja a los comandantes españoles en América que cuiden mucho sus prácticas religiosas antes de iniciar una campaña, con gran atención a las oraciones y llevando a un sacerdote consigo. La confianza en la protección divina no era un asunto menor, pues contribuía a mantener alta la moral de la tropa: «Esto anima mucho y les da esperanza de victoria y van con gran certidumbre a ella».

Por descontado, todas las exhibiciones de fervor católico no impedían que Cortés se mostrara implacable

Dios azteca
Xipe Tótec

cuando la ocasión lo requería. En cierta ocasión, no duda
en ahorcar a un tal Mora por haber robado dos gallinas a
los indios, hecho que venía a socavar la política de amistad hacia ellos. Su ejército, si quiere la victoria, ha de dar
buena imagen ante la población local, y su jefe no debe
pasar por alto las acciones de un hombre cruel. De ahí
que la dureza y las exhibiciones de «sensibilidad» vayan
de la mano, en un intento de convencer a los demás de
que ciertas demostraciones de fuerza le vienen impuestas
por las circunstancias. Por disimulo o por lo que fuera, el
mismo comandante que ordenaba ejecutar a unos deser-
tores se lamentaba, acto seguido, de tener que ordenar sus
muertes. Y lo hacía «con grandes suspiros y sentimientos».
En esta tesitura, la formación recibida en Salamanca le
servía de gran ayuda. Llegaba el momento de citar la célebre frase de Nerón, aún joven, cuando todavía no había
degenerado en tirano, antes de firmar una pena capital:
«¡Quién no supiera escribir!»

## Más allá de la conquista

Tras una lucha encarnizada, nuestro protagonista se alzará con la victoria en 1521. De ser el jefe de una pequeña hueste ha pasado a convertirse en el amo de un inmenso imperio. A partir de este momento, parece que su biografía se acabe. En parte es lógico que la conquista, esos dos años tan intensos, dejen en la oscuridad el resto de su vida. Pero esta inclinación de los biógrafos por el momento del clímax es injusta. ¿Qué sucede con las múltiples expediciones que impulsó con la vana esperanza de encontrar una segunda Nueva España? El fracaso de estas tentativas las ha hecho caer en el olvido, por el desinterés de los historiadores, con lo que perdemos de vista no sólo la importancia que tuvieron para Cortés, también sus consecuencias determinantes para el conocimiento geográfico. Un reconocido especialista mexicano, Miguel León-Portilla, nos explica que el anhelo por explorar el Pacífico, el denominado entonces «Mar del Sur», no se redujo a una vana quimera. Se materializó, por el contrario, en realidades tangibles:

> Más allá de cualquier ponderación, enunciaré desde un principio algunas de las más obvias consecuencias de los afanes de Cortés en el Pacífico. Entre otras cosas, en función de ellos se emprendieron algunas de las primeras construcciones de navíos en el continente americano; se realizaron las más tempranas navegaciones organizadas en el mismo Nuevo Mundo con destino a Asia y, también desde puertos mexicanos, al ámbito peruano de la América del Sur; se consumó el descubrimiento de California y de su perfil peninsular; se inició la exploración del Pacífico norte; se elaboró la primera cartografía al noroeste de América [...].

A Cortés, sin embargo, no le debió consolar el posible veredicto de la Historia. Cada vez lo rodeaban más enemigos, dispuestos, como él mismo dijo, a reventar hartos de su sangre. Conservará hasta el final las ganas de pelear y de hacer males sus méritos, pero la fortuna le será esquiva. Hay que reconocer, pese a los elogios de sus apologistas, que va perdiendo facultades. El jefe veloz de los tiempos de la conquista deja paso a un comandante envanecido de sí mismo que en la expedición a las Hibueras se mueve con lentitud junto a una gran comitiva en la que hay de todo, incluso músicos.

A caballo entre las luces y las sombras, su figura aún es capaz de suscitar apasionadas polémicas. Lo demuestra el revuelo que ha provocado el hispanista francés Christian Duverger al sugerir que fue el extremeño, y no Bernal Díaz del Castillo, quien realmente escribió la *Historia verdadera de la conquista de Nueva España*. El fascinante debate sobre esta tesis ha tenido el efecto benéfico de colocar nuevamente en primera plana a un personaje inagotable, que fascina y repele a un tiempo. No se trata, desde luego, de volver a la historia entendida como la biografía de los grandes hombres, pero tampoco de caer en el extremo contrario, suponer que sólo cuentan las estructuras sin dejar espacio para la individualidad. ¿De verdad creemos que si Hernán Cortés no hubiera conquistado el Imperio azteca, otro no hubiera ocupado su lugar? ¿Quién si no él podía doblegar al Imperio azteca? Pedro de Alvarado desde luego que no: si bien se distinguía por su extremado coraje, carecía de cualquier habilidad política. Su falta de tacto y su crueldad se revelarían contraproducentes, sobre todo en un episodio tan aciago como la matanza del Templo Mayor. Por ello, el ensayista mexicano José Vasconcelos lo retrata con palabras definitivas: «Prueba de que cualquier capitán valiente no hubiera bastado para consumar la conquista, es el caso de Alvarado». Por su parte, el historiador hondureño Rodolfo Pastor contrapone la visión política cortesiana, imbuida de astucia renacentista, con las limitaciones de otros conquistadores «más codiciosos, impulsivos y fanáticos».

# 1

## La raíz extremeña

Los emigrantes no acostumbran a abandonar su hogar porque sí. Medellín es famosa porque muchos de sus hijos atravesaron el Atlántico para buscar en América –las Indias, como entonces se llamaban– una vida mejor. A lo largo del siglo XVI, seguramente más de medio millar de personas cruzó el océano para instalarse en el Nuevo Mundo. Eso la convierte, como señala el historiador Esteban Mira Caballos, en «la localidad más emigrante de toda Extremadura». De ahí que en las actuales repúblicas de Colombia, México y Argentina encontremos ciudades bautizadas con su mismo topónimo. Entre los medellinenses que se hicieron famosos en las tierras recién descubiertas, el más célebre es, sin discusión, Hernán Cortés, pero no faltan otras figuras destacadas. Entre ellas, algunos de los mejores capitanes del conquistador de México, como Gonzalo de Sandoval o Andrés de Tapia. No obstante, hay historiadores que han señalado Don Benito como la auténtica cuna de Cortés, una aldea muy vinculada a su familia.

En el improbable caso de que tal hipótesis fuera cierta, el fondo de la cuestión no cambiaría: en esos momentos, Don Benito no pasaba de ser una simple pedanía de Medellín. Esta, bajo el amparo de una espectacular fortaleza, de hecho su único edificio señorial, era una zona más o menos fértil, con vides, frutales y trigo, donde predominaban las actividades ganaderas. No en vano, las dehesas rodeaban su núcleo urbano.

Poseía la condición de plaza fuerte desde tiempos remotos y su nombre derivaba de *Metellinum,* el término latino por el que se la conocía en la Antigüedad. En tiempos de los romanos gozó de una posición estratégica, por su ubicación privilegiada en las rutas comerciales, pero en época musulmana la encontramos ya en declive, reducida a urbe de segunda fila. Tras cambiar varias veces de gobernantes, pasará definitivamente a Castilla en 1234. A partir de aquí, la propiedad de la tierra experimentará un proceso de concentración en manos de unos pocos privilegiados. Mientras tanto, la inmigración cristiana acude atraída por el crecimiento económico, hasta convertir Medellín en una de las zonas más pobladas de la semidesértica Extremadura. En el siglo xv, la ciudad llega a disfrutar de una gran riqueza, impulsada por una burguesía dinámica en la que sobresalen los judíos.

Sin embargo, con la guerra de sucesión castellana (1475-1479), la región parece sumirse en un proceso de desintegración, hasta el punto de convertirse en algo así como el *far west* del reino de Castilla. A un lado se encuentran los partidarios de Isabel la Católica. Al otro, los de su sobrina Juana, apodada «la Beltraneja» porque las malas lenguas apuntaban que su auténtico padre no era el rey Enrique IV sino el noble Beltrán de la Cueva. Como Juana cuenta con el apoyo de Portugal, tropas lusitanas intervienen en el territorio castellano, con lo que ayudan a multiplicar el caos. La economía, naturalmente, sufre un golpe durísimo. Hay que alimentar a los ejércitos en combate y para eso están las cosechas y los rebaños. No es extraño, pues, que las continuas luchas dejen «yermos los campos y maltrecha la vida ganadera», en palabras del historiador Demetrio Ramos. En esos momentos, Extremadura sufre una situación de anarquía feudal, en la que todos parecen luchar contra todos. Hugh Thomas, el ilustre historiador británico, nos describe el caos que se adueñó de las zonas rurales: «Fuera de las ciudades, todo era robo y asesinato, no había puentes sobre los ríos y nadie viajaba a menos de contar con la protección de hombres armados». En otras palabras: la ley brillaba por su ausencia y Medellín se llevaba la palma en aquel mundo de violencia endémica, en el que se sucedían «tantas turbaciones y calamidades», según reza un documento de principios del siglo XVI.

Medellín reconoció por reina a Juana, seguramente por influencia de su condesa viuda, Beatriz Pacheco. A esta, una mujer implacable, que llegó a encarcelar a su propio hijo por disputas de poder, no le faltaban razones poderosas para escoger bando. Su padre, el marqués de Villena, había sido el favorito de Enrique IV, el mismo soberano que, por otra parte, había concedido a su marido, Rodrigo de Portocarrero, el condado medellinense. Todo ello no obsta para que la causa dinástica se mezclara, a nivel local, con una dura pugna por el control de las tierras y de los rebaños.

Finalizado el conflicto con la victoria de Isabel I, y sin apenas tiempo para la recuperación, estalla la guerra de Granada (1482-1492). Extremadura no se halla en primera línea de frente, pero ha de contribuir al esfuerzo bélico con hombres y dinero. ¿Había tocado fondo

Medellín

Medellín, tal como parecen sugerir las pruebas? No, aún no. Pese a la inestabilidad crónica, cuenta con fuerzas para responder a la llamada de los Reyes Católicos: en la lista de ciudades contribuyentes, su aportación la sitúa en décima posición. Los combates, por desgracia, se prolongan demasiado y dejan exhausto al municipio.

Es en este momento de postración cuando nace Hernán Cortés. El mundo que lo rodea difícilmente puede ser más turbulento y salvaje.

## ¿Hidalgos pero pobres?

La infancia y la adolescencia del futuro conquistador de México son períodos poco conocidos, una especie de época oscura que apenas despertó el interés de los primeros cronistas de Indias, como bien señala uno de sus biógrafos, el francés Bartolomé Bennassar. Tan sólo encontramos una relación sucinta sobre sus primeros años en la obra del que pasa por su historiador oficial, Francisco López de Gómara. Este conoció personalmente al conquistador, por lo que pudo beneficiarse de sus recuerdos. Sin embargo, Juan Miralles, en su monumental investigación en *Hernán Cortés. Inventor de México,* puso en duda este vínculo: si nos fijamos bien, veremos que Gómara en ningún momento de su obra pretende haber tratado a Cortés. Si se repite tal tópico, ello se debe al comentario de Bartolomé de las Casas, quien carga ferozmente en su contra, reprochándole su parcialidad a favor del extremeño. El fraile dominico, tras una lectura apresurada de su libro, lo acusó con su habitual vehemencia de ser la voz de su amo.

Sin embargo, Christian Duverger, en su polémica *Crónica de la eternidad,* señala que las pruebas archivísticas desmienten a Miralles. Gómara, bajo juramento en un juicio, reconoció que conocía a Cortés desde 1529. Formaba parte de su círculo más próximo y fue, como se acostumbra señalar, su capellán. Eso implica un grado de cercanía que facilita el acceso a información privilegiada, la que convierte su obra en una fuente imprescindible para cubrir la juventud de nuestro protagonista. Otros, en cambio, sólo se interesarán por el conquistador de México una vez que emerja en la Historia como un huracán. Lo que hubiera sido antes carecerá de la menor importancia.

Ni siquiera sabemos a ciencia cierta la fecha exacta del nacimiento de Cortés. Es imposible hallarla entre los registros parroquiales porque estos no se implantaron hasta principios del siglo XVI, de la mano del cardenal Cisneros. Y no fueron una práctica generalizada hasta décadas más tarde, por decisión del Concilio de Trento. A falta de evidencia documental, la mayoría de las biografías repite el año de 1485, porque es el que aporta Gómara. Si es cierta la suposición del biógrafo José Luís Martínez, el alumbramiento debió producirse a finales de julio.

Sin embargo, a finales del siglo xvi, se difundió la teoría, inexacta a todas luces, de que Cortés nació en el mismo año que Martín Lutero. El primero en indicarlo así fue un poeta, Gabriel Lobo Lasso de la Vega, en un canto épico titulado *Mexicana*. De aquí, el dato pasó a las obras de los historiadores. Lo repitió, por ejemplo, Gerónimo de Mendieta, un fraile franciscano de México, en su *Historia eclesiástica indiana*. ¿Quiere esto decir que pensaban que Cortés vino al mundo en 1483 como el fraile alemán? La confusión no está aquí, sino en suponer, como hace Mendieta, que Lutero nació en 1485 como el conquistador español. Desde la óptica de un católico apostólico romano de la época, el monje agustino equivalía a una figura demoníaca. Era el hereje por excelencia, culpable de haber dividido la cristiandad. Por eso, para compensar el desastre, Dios había enviado a Hernán Cortés, al héroe que haría posible la evangelización de millones de indios.

Por otra parte, contamos con indicios de que el año auténtico pudo ser 1484. Así lo dio a entender el propio interesado cuando, en carta al emperador Carlos V, fechada en febrero de 1544, declaró tener ya cumplidos los sesenta años. Tal vez Cortés no pretendió dar su edad exacta, sino un simple redondeo, por razones de economía expresiva, ya que, de todas formas, faltaba entonces muy poco para su sexagésimo aniversario. La cuestión se presta a debate, ya que él mismo, según recordaba Bernal Díaz del Castillo, aseguraba en 1519, al empezar la invasión del Imperio azteca, que tenía treinta y cuatro años, lo que nos lleva, de nuevo, a 1485. Contamos con más testimonios, pero, al contradecirse entre ellos, no arrojan mucha más luz.

En cuanto a su bautizo, una tradición local apunta que la ceremonia tuvo lugar en la iglesia de San Martín, pero, como señaló el biógrafo mexicano Carlos Pereyra, la ausencia de documentos impide probar esta teoría.

¿Recibió su nombre por su abuelo paterno, Hernán Rodríguez de Monroy? Es más probable que el padre de su padre fuera, en realidad, Martín Cortés el viejo. Nuestro protagonista sería, eso sí, tocayo de uno de sus tíos.

Para describir sus orígenes sociales, se ha repetido por activa y por pasiva que pertenecía a una familia pobre de hidalgos, el escalón más bajo de la nobleza, con una situación económica que distaba de ser envidiable. «¡Poca nobleza y poca, muy poca, riqueza!», exclama Bennassar. No hay que confundir, sin embargo, al hidalgo pobre con el pobre auténtico, el desheredado de la fortuna. Los Cortés, según el estudio de Esteban Mira Caballos, no serían ricos, pero sí disponían de suficientes recursos para llevar una vida digna de acuerdo con su posición social, sin grandes dispendios, aunque tampoco con estrecheces.

No sabemos cómo sería la casa familiar en el momento en que nació Hernán Cortés. Años después, riquezas obtenidas en México financiaron importantes reformas en el edificio, aunque al parecer se respetó la traza original del mismo. Durante mucho tiempo se creyó que fue destruido a principios del siglo xix, en plena guerra de la Independencia. Más probable es que lo abandonaran tras la contienda, a consecuencia de la calamitosa situación económica de la zona. Sus ruinas acabaron por desaparecer, pero, por suerte, contamos con un indicio de lo que pudo ser su aspecto, el que aportó en 1886 Vicenta Bastoné, una anciana de Medellín que había visitado la casa con sus abuelos, seguramente entre 1810 y 1815. Pese a los años transcurridos, la mujer recordaba una fachada con tres puertas, adornada por una imagen de la Virgen del Socorro colocada sobre una hornacina. El piso principal, en la planta de arriba, constaba de sala, alcoba y cocina, tres espacios amplios y con ventanas a la calle.

La información disponible atestigua la exactitud de Gómara, al describir la situación pecuniaria de la familia de los Cortés: «Si se atiende a los bienes de fortuna, lo pasaban a la verdad muy medianamente, aunque siempre llevaron arregladísima vida». Otro cronista, Cervantes de Salazar, atestigua este hecho al definir al padre del conquistador como un hombre «no rico, aunque de alta alcurnia». No rico, que no es lo mismo que pobre. Debemos descartar, en cambio, la opinión de Bartolomé de las Casas. Con una intención fuertemente despectiva, presenta a Martín el joven como «un escudero que yo cognoscí, harto pobre y humilde, aunque cristiano viejo y dicen que hidalgo». El fraile dominico, siempre apasionado, debió de dejarse llevar, de nuevo, por la franca antipatía que le inspiraba Cortés.

De todas formas, lo cierto es que muchos de sus contemporáneos se hubieran contentado con esa «no riqueza». El patrimonio de la familia, en efecto, no puede considerarse exiguo, por más que se haya dicho que disponían apenas de cinco mil maravedís de renta al año. ¿Menos que un simple marinero? Imposible. De acuerdo con la estimación de Mira Caballos, Martín Cortés contaba con la «renta de la hierba», es decir, con la participación en la propiedad de una dehesa que le debía producir, ella sola, casi mil maravedís por mes. A esto hay que añadir el rendimiento que obtenía de diversas propiedades inmobiliarias. Poesía, además, con varias fanegas de trigo, un viñedo y un colmenar del que extraía más de doscientos kilos de miel, destinados a la venta una vez cubiertas las necesidades domésticas. Todo esto sumado, según Mira Caballos, supera la cifra de los treinta mil maravedís anuales. Más de seis veces superior a los cálculos más conservadores.

Con estos datos, no parece correcta la hipótesis que atribuye a Hernán Cortés un constante afán de riquezas a lo largo de su vida, supuestamente derivado de los problemas económicos de su infancia y juventud. Se ha especulado sobre si nos encontramos ante el típico caso de un hombre de clase media deseoso de asimilarse a los grandes potentados. Tal vez. Sin embargo, en algún aspecto, Cortés se aleja mucho del castellano siempre quisquilloso en cuestión de prestigio o, como entonces se decía, de «reputación». En contradicción con una práctica más que habitual, sus hombres lo llaman simplemente por su apellido, sin necesidad de utilizar los formales «don Hernando» o «don Fernando».

Sus escasas manías protocolarias no impidieron que algunos autores, demasiado pródigos en alabanzas, le inventaran una rancia prosapia. Procedería, supuestamente, de la estirpe de Cortesio Narmes, un remoto soberano lombardo cuya dinastía, por una cabriola del destino, acabó estableciéndose en Aragón.

## Orgullo de casta

Su padre, Martín Cortés y Monroy, había luchado contra Isabel la Católica en la contienda civil por el trono castellano. Ahora bien, existe cierto margen de duda respecto a su actuación en la misma. Unos lo pintan como un soldado pobretón, incapaz de costearse su propio caballo. Más probable es que fuera capitán de caballería ligera, al frente de cincuenta hombres. Pese a pelear en el bando perdedor, parece ser que no se vio afectado por ningún tipo de represalia. Es más, se incorporó al ejército de los Reyes Católicos en la guerra de Granada. No tuvo problemas, por tanto, para ejercer los cargos de regidor y procurador de Medellín. Su dedicación a la cosa pública implica que disfrutaba de una buena relación con los círculos de poder.

Gómara nos dice que, pese a su entrega a la vida militar, fue siempre un hombre muy religioso. Su comentario resulta expresivo por la contraposición que realiza entre las armas y la piedad, dando a entender un antagonismo entre ambas. Lo importante, sin embargo, es que transmitió a su hijo sus valores católicos. A pesar de tan férreas creencias, es probable que flaqueara en cuanto al sexto mandamiento, como dan a entender los indicios sobre la existencia de varias hijas del conquistador, aunque lo cierto es que carecemos de detalles suficientes. ¿Fueron quizá fruto de relaciones extraconyugales? Tal vez. O quizá fueran engendradas en un matrimonio anterior.

Los Monroy, pese al patronímico francés, procedían de Cantabria. A lo largo de varios siglos, la familia intervino activamente en la Reconquista, hasta recalar en Extremadura. A uno de sus miembros más ilustres, Alonso de Monroy, lo llamaban «el clavero» por ostentar este cargo en la Orden de Alcántara, al ser el responsable de la llave de su castillo. Ostentaba, pues, el puesto más alto después del de maestre. La suya era una de las típicas órdenes militares especializadas en la lucha contra el enemigo musulmán, al igual que las de Santiago o Calatrava. Varios historiadores lo han comparado con Hernán Cortés, por ser ambos guerreros intrépidos, para nada dispuestos a retroceder ante los peligros más extremos.

En cuanto a la familia materna del pequeño Hernán o, como se decía entonces, Hernando, consignemos que su abuelo, Diego Alfón Altamirano, ejerció como mayordomo de la condesa de Medellín, lo que implicaba administrar sus rentas y cuidarse de la recaudación de impuestos.

De la madre, Catalina Pizarro Altamirano, sabemos poco. Según Bennassar, es posible que su linaje fuera más antiguo que el de su esposo. Salvador de Madariaga propuso una especulación en el mismo sentido, al observar que Gómara le otorgaba el tratamiento de «Doña», mientras a su padre no le concedía el «Don». Tal vez esta diferencia signifique una desigualdad de estatus, pero quizá sólo sea un descuido o una cortesía hacia la dama. Lo que sabemos con exactitud es que doña Catalina procedía de una familia oriunda de Trujillo, lo mismo que el conquistador de Perú, Francisco Pizarro, de quien era pariente. Gómara la describe, en términos convencionales, como un modelo de honestidad y modestia, pero añade elementos poco halagadores al retrato. Era, según sus lacónicas palabras, «recia y escasa». Es decir, una persona de limitado alcance intelectual. Al parecer, Hernán se limitó a mostrar el esperado respeto debido a su condición de hijo sin que sintiera por ella auténtico amor. Ella, en cambio, aparece devotamente entregada a sus seres queridos. Se ha conservado una carta suya en la que muestra un vivo interés por su nieto mestizo Martín, nacido de la relación de Hernán Cortés con la Malinche.

En cambio, con su padre, nuestro conquistador evidencia una cercanía emocional mucho mayor. Martín siempre estará ahí para apoyarlo en los momentos difíciles. Es su mano derecha, el responsable de su defensa frente a los poderosos enemigos de la Corte, siempre incansable a la hora de acometer cualquier gestión. Al fin y al cabo, se trata de su único vástago varón, por lo que no es extraño que le preste una atención especial.

Como hemos visto, la dedicación a la milicia y a la política se halla muy presente en la familia del conquistador, muy bien relacionada con el entorno de la nobleza. A lo largo de muchas décadas, un sinfín de matrimonios oportunos ha tejido una red de alianzas familiares por toda Extremadura, de la que Cortés saldrá muy beneficiado. De este linaje acomodado le vendrá un acentuado orgullo de casta, porque los suyos son hidalgos y, en tanto que tales, se escandalizarían si se vieran obligados a trabajar manualmente.

También porque pertenece a una familia de cristianos viejos. En un mundo marcado por los prejuicios acerca de la limpieza de sangre, eso proporciona a cualquiera un punto de partida muy favorable. Lo convierte en una persona decente, en contraposición a las de baja cuna. Cortés, fuertemente imbuido de esta mentalidad, llegará al extremo de impugnar sólo por este motivo a un testigo en su juicio de residencia, en el que debía rendir cuentas por su gestión en México. Ser «hijo de una pescadera» bastaba, en su opinión, para invalidarlo. Lo mismo sucedía con otro individuo, sin más falta que dedicarse a la humilde profesión de calcetero, entre otros «oficios bajos».

## Tiempo de formación

Ahora que nos hemos sumergido en el medio familiar de nuestro protagonista, es el momento de preguntarnos cómo transcurrió su infancia. Resulta tentador imaginarlo, como ha hecho algún historiador, llevando una existencia más o menos bucólica, entre baños en el Guadiana y la caza de liebres. Lo crio, como se acostumbraba entonces, una nodriza. Se llamaba María de Esteban y procedía de un pueblo denominado Oliva. Richard Lee Marks ha supuesto que doña Catalina no amamantó al pequeño porque temía que ello le ensancharía el busto en exceso. Como otras damas de su tiempo, habría querido guardar la línea. En realidad, la costumbre no respondía a una preocupación por la estética corporal. Se trataba, más bien, de una demostración de estatus. No es creíble, pues, la imagen que presenta Lee Marks de Martín Cortés, al que imagina pagando de mala gana el gasto supuestamente innecesario de un ama de cría. El desembolso, por el contrario, resultaba indispensable para la buena imagen de la familia, lo que entonces se denominaba «honra» o «reputación», siempre preferible al equilibrio de las finanzas domésticas.

Un tópico recogido en múltiples ocasiones presenta a un niño de constitución frágil, víctima de frecuentes enfermedades, que en nada hacía presagiar al indomable guerrero que llegaría a ser. Su debilidad lo habría colocado, en más de una ocasión, a las puertas de la muerte, sobre todo cuando sufrió unas fiebres palúdicas, denominadas entonces «cuartanas» porque desaparecían al cuarto día. En una zona ganadera como Medellín, el paludismo, transmitido por un mosquito que proliferaba entre el agua estancada que bebían las reses, se había convertido en un mal endémico.

Según Gómara, Cortés se salvó gracias a una protección milagrosa. La nodriza habría echado a suertes los nombres de los apóstoles, y así apareció el de san Pedro, quien, gracias a la oración, le hizo sanar. Se ha sugerido que, tal vez, aquí radique la clave de la devoción que sentirá el conquistador a lo largo de su vida, siempre atento a celebrar una misa por su benefactor en el día de su festividad. No hay que extrañarse, pues, de que al empezar la aventura de México colocara sus tropas bajo la protección del primero de los papas, tal como cuenta el historiador barroco Antonio de Solís:

> Hernán Cortés, en el primer acto de su jurisdicción, dio para el regimiento de la armada el nombre de San Pedro, que fue lo mismo que invocarlo y reconocerlo por patrón de aquella empresa, como lo había sido de todas sus acciones desde sus primeros años.

Parece claro, pues, que el conquistador conservaba una extraordinaria gratitud hacia el santo que lo había salvado en un momento difícil de su infancia. De ahí que, en plena batalla, no dude en arengar a sus tropas con palabras como estas: «Adelante compañeros, que Dios es con nosotros y el glorioso San Pedro». Pero… ¿realmente fue la criatura enfermiza que presentan tantos biógrafos? Cabe la posibilidad de que nos hallemos ante una leyenda hagiográfica con la que acentuar, por contraste, las cualidades heroicas de nuestro protagonista en su madurez. El carácter poco prometedor del niño realza el destino excepcional del adulto.

En cuanto a su formación, contó con el privilegio de una instrucción privada, a cargo de un preceptor y un maestro de armas, lo típico en un joven de su clase. Aprendió así a montar a caballo y a manejar la espada, dos habilidades en las que se revelaría como un consumado maestro. Lo que significa, evidentemente, que consagró muchísimas horas a entrenarse.

Para alguien de su estamento social, las salidas profesionales se presentaban bastante limitadas. Sus opciones se resumían, como rezaba un dicho de la época, en «ciencia, mar o casa real». Por influjo paterno, el joven Hernán se decantó por la primera. A partir de los catorce años estudiaría latín en Salamanca, y es aquí donde surge un malentendido. Muchos autores han supuesto que debió de asistir a la universidad de esta ciudad, una de las más prestigiosas no sólo de España sino de toda Europa. Algo, sin embargo, no cuadra en este relato, canónico a fuerza de repetido. No existe constancia documental de su paso por tales aulas. Ni contamos con registros universitarios ni el propio interesado aludió nunca a aquella etapa de su vida. Es por eso que Demetrio Ramos niega taxativamente el supuesto hecho: «Por lo pronto, se habla siempre de Hernán Cortés como formado en la Universidad de Salamanca, cuando esto no fue cierto».

Ramos nos pone en la pista de lo que debió de suceder, con una precisión sutil. Nuestro héroe estudió en Salamanca, como nos dice la crónica de Gómara, pero no en su universidad. Permaneció dos años en casa de su tío político, Francisco de Núñez de Valera, quien

Universidad de Salamanca

impartía gramática en su domicilio. Lo más lógico es que se dedicara a preparar a sus alumnos en los rudimentos del latín, de forma que estos, más tarde, pudieran asistir a las clases de la facultad de su elección.

Núñez de Valera estaba casado con Inés Gómez de Paz, medio hermana de Martín Cortés, una mujer que iba a prodigar a su sobrino los mejores cuidados. Tras la conquista de México, Hernán le enviaría una carta en la que le agradecía muy afectuosamente todas sus atenciones: «Aún no tengo olvidadas las mercedes y caricias que vuestra merced me hizo en mi niñez», le escribió. Sin embargo, tanta gratitud se le borraría de la memoria al cabo de un tiempo, por graves diferencias con el hijo de Inés, el licenciado Francisco Núñez. En cierta ocasión en que le preguntaron si conocía a Núñez, Cortés respondió con indiferencia brutal: «El dicho licenciado Núñez es hijo de una mujer que hubo su agüelo deste declarante». Como era de esperar, su primo no se tomó a bien sus palabras y le recordó pasadas deudas. Convertido en un hombre poderoso, Cortés olvidaba interesadamente a quien tanto le había favorecido: «El dicho marqués, en los tiempos que no tenía tanto como agora, rescibió muchas buenas obras de mis padres en Salamanca, a donde le tuvieron estudiando dos o tres años, como él lo puede decir».

De todas formas, nuestro héroe nunca obtuvo un grado académico. Es inexacta, pues, la información de Las Casas acerca de un supuesto título de bachiller. Para ello hubiera necesitado cinco años, pero interrumpió su preparación por razones que se nos escapan, aunque lo más probable es que sintiera escasa inclinación hacia los libros. «Aborrecimiento al estudio», en palabras de Gómara. No obstante, no hay que descartar otros factores como las dificultades financieras o los problemas de salud.

Sus padres debieron de sentirse profundamente decepcionados. Aquel era su único hijo varón y ansiaban para él un destino de funcionario real, en el campo siempre reconocido de la jurisprudencia. ¿Fue, por tanto, un tiempo perdido el que pasó en Salamanca? Existen dos respuestas posibles. Lo más habitual es destacar el peso que tuvo esta etapa en la formación del conquistador, al permitirle adquirir unas habilidades que le iban a ser muy útiles en el futuro. Sin embargo, Demetrio Ramos observó que Cortés, en su madurez, evidenciaría una cultura demasiado amplia para ser el fruto de apenas dos años. Tuvo que haber completado sus conocimientos en otro lugar, pero… ¿dónde? Un cronista del siglo XVI, Suárez de Peralta, le aporta la pista necesaria al indicar que el joven medellinense se marchó a Valladolid, sede en esos momentos de la Corte. Allí se estableció como ayudante de un escribano, con lo que pudo aprender el oficio. Adquirió así, según Ramos, los rudimentos que años más tarde, durante su estancia en La Española, la actual Santo Domingo, le permitieron dedicarse al mismo trabajo.

De una forma o de otra, fuera junto al río Tormes o junto al Pisuerga, lo que no ofrece dudas es la notable formación de nuestro conquistador. Para empezar, posee un amplio bagaje jurídico, un rasgo que, en palabras de Juan Miralles, salta a la vista.

Sobresale, asimismo, su conocimiento del latín. Le servirá, entre otras cosas, para responder a los hombres de leyes que se dirijan a él en esta lengua o para replicar a fray Bartolomé de las Casas, cuando este le pregunte con qué derecho había encarcelado al emperador azteca Moctezuma. Según el dominico, nuestro hombre, reconociendo la falta de legitimidad moral de su actuación, habría contestado cínicamente: «Qui non intrat per ostium fur est et latro», [el que no entra por la puerta es un ladrón].

Por otra parte, su propio estilo redaccional, el que utiliza en sus célebres *Cartas de relación,* debe mucho al influjo de la sintaxis de la lengua de los romanos, con la típica ubicación del verbo al final de las oraciones.

Cuenta, asimismo, con una habilidad retórica que le va ser muy útil en todo tipo de circunstancias. Si la retórica es el arte de la persuasión, Cortés sabrá ser convincente con propios y extraños por su arte con las palabras, pero también por su psicología para tratar a todo tipo de gentes. Así, en un enfrentamiento verbal, sabe ser paciente y aguantar los términos descomedidos sin caer en tentación de responder con soberbia.

Como podemos apreciar, su figura nada tiene que ver con el tópico del conquistador analfabeto y miserable. Se confirma así la tesis de Henry Kamen, quien niega que los españoles que pasaron a América constituyeran «la hez de la sociedad». Miralles, en la misma línea, nos recuerda que entre los capitanes del Nuevo Mundo abundan los antiguos escribanos. Es decir, son gente con nivel cultural, hidalgos en su mayoría.

## ¿Italia o las Indias?

¿Qué opciones de futuro se le abrían a este joven inquieto y conflictivo, pero de inteligencia muy despierta? Si no quería seguir el camino de las letras, sólo le quedaba el de las armas, por el que sí sentía vocación. Se le planteó entonces un dilema: elegir entre Nápoles, donde podía combatir en las tropas del Gran Capitán, o marcharse a las Indias. Se decantó por esto último, seguramente por influencia de gentes de su entorno, como apunta Hugh Thomas. Le debieron decir que, si buscaba riquezas, el otro lado del Atlántico ofrecía más oportunidades, de acuerdo con la creencia recogida por fray Prudencio de Sandoval: «Para pobres era mejor ir a las Indias, donde se cogía el oro, que no a Italia, que sólo llevaba puñadas y guerra sangrienta».

En esos momentos, Nicolás de Ovando preparaba una armada para dirigirse a La Española con el cargo de gobernador. Y Ovando, por la línea de los Monroy, era un pariente lejano suyo. Los lazos de sangre no acaban aquí, ya que el intendente de la expedición, un tal Hernando de Monroy, era seguramente primo de nuestro protagonista. No es el momento de pormenorizar ahora todas sus relaciones, pero sí de apuntar que en aquella empresa abundaban los extremeños, y que vínculos familiares o de amistad unían a Cortés con varios de ellos.

Sus esperanzas, sin embargo, se vieron momentáneamente frustradas. Un lío de faldas iba a impedirle cruzar el Atlántico. Mujeriego incorregible, cierta noche escaló una tapia a la búsqueda de una mujer casada. La pared, ruinosa, se vino abajo en medio de un gran estrépito. El marido, celoso, estuvo a punto de atravesarlo con su espada. Suerte que la madre de ella intervino para evitar que corriera la sangre, suplicando a su yerno que no hiciera daño al intruso sin antes averiguar su identidad.

La caída lo obligó a reposar durante un largo tiempo. Como las complicaciones nunca vienen solas, la fiebre palúdica agravó su estado de salud. Hasta que, en 1504, ya recuperado, se decidió a cruzar el Atlántico en un barco mercante. Con la bendición de sus padres, y encomendándose a Dios, partió hacia lo desconocido.

## EL ORIGEN IMAGINARIO

Nada tienen de nuevo las disputas sobre el lugar de nacimiento de una celebridad. Uno de los casos más famoso, el de Cristóbal Colón, refleja este afán por las polémicas estériles. Aunque conocemos con certeza su procedencia genovesa, se le ha buscado su origen en Cataluña, Galicia o mil sitios más. Con Hernán Cortés no se ha gastado tanta tinta, pero también han surgido teorías extrañas. Así, autores como Jordi Bilbeny, Enric Guillot o Pep Mayolas defienden que Cataluña habría sido la auténtica descubridora de América. A partir de esta premisa ha surgido la hipótesis de la catalanidad del conquistador de México, probada por algunos retratos en los que aparece su escudo heráldico con las barras de Aragón, identificadas con la senyera. Pero hay más: Cortés también poseería sangre real, en tanto que descendiente de Juan II de Aragón. Todo llevaría a identificarlo con Alfonso de Aragón y Gurrea (1487-1550), conde de Ribagorza, en base a unas supuestas coincidencias que no son, obvio, las fechas de nacimiento y muerte.

La pista seguida para esta sorprendente conclusión fue la traducción al inglés de la crónica de Francisco López de Gómara, publicada en 1578. Su título se refiere al extremeño con las palabras «the worthy prince» [el digno príncipe]. ¡Noticia bomba! ¡Aquí la prueba de que Cortés no era un simple hidalgo! Lástima que si nos molestamos en consultar el diccionario de la Real Academia, comprobamos que 'príncipe', en su primera acepción, significa «Primero y más excelente, superior y aventajado en algo». Una definición que se ajusta como un guante a un héroe militar, sin necesidad de recurrir a genealogías atrevidas.

# 2

# Soñando con el futuro

Cuando Cortés cruza el Atlántico, decidido a buscar nuevos horizontes, España se halla en pleno proceso de expansión ultramarina. Todo había empezado con los sueños europeos de llegar a Extremo Oriente, la tierra de las especias, donde sería posible hacer grandes riquezas a través del comercio. Sin embargo, la ruta hacia China y Japón, necesariamente terrestre, estaba en manos de los musulmanes. Eso hizo que, a mediados del siglo xv, los marinos portugueses se plantearan un trayecto alternativo, bordeando África. Primero lograron doblar el cabo Bojador; más tarde el de Buena Esperanza.

Ante el monopolio lusitano de la vía marítima hacia Asia, a Castilla no le quedó más remedio que intentar descubrir un trayecto por el oeste. Era el momento propicio para que apareciera un navegante prometiendo llegar a las Indias a través del Atlántico. Se llamaba Cristóbal Colón y, pese a teorías fantasiosas, procedía de Génova y no de cualquier otro lugar. Sin embargo, su propuesta no encontró apoyos en un principio. Los Reyes Católicos solicitaron consejo a un comité de expertos que dictaminó, con razón, lo mal fundamentado del proyecto. La Tierra era demasiado grande como para llegar a Oriente en una travesía marítima, supuestamente sin escalas, ya que nadie imaginaba que entre España y Japón pudiera alzarse todo un continente. Colón, en cambio, suponía que la esfera terrestre medía unos diez mil kilómetros menos de lo que se pensaba en realidad. Este grueso error, a la postre, permitiría la llegada a América en 1492. Su descubrimiento, según la célebre afirmación del cronista López de Gómara, constituía «la mayor cosa después de la creación del mundo, sacando la encarnación y muerte del que lo crio».

Se acostumbra a valorar los descubrimientos geográficos de castellanos y portugueses como un hito decisivo en el proceso que condujo a la hegemonía mundial europea. Pero esta es una visión sesgada, ya que no debemos observar lo que sucede en el Nuevo Mundo prescindiendo de la evolución en el resto del globo. Hay que tener en cuenta, como hace el historiador John Darwin, que no es sólo Europa la que se expande. En China, los emperadores Ming fortalecen su dominio absolutista. En el norte de la India, hacia 1519, es decir, por las mismas fechas en que los españoles inician la conquista de México, aparece un gran imperio islámico. La dinastía safavida, mientras tanto, consigue la unificación de Irán. En el Mediterráneo oriental, a su vez, los turcos parecen imparables y conquistan la isla de Rodas en 1522.

## LA QUIMERA DEL ORO

En cierto sentido, el mundo del siglo XVI experimenta un proceso globalizador. Eso explica que un hidalgo extremeño, Hernán Cortés, acabe en La Española, una de las islas descubiertas por Colón, hoy dividida entre dos estados, Haití y Santo Domingo. Pronto aquella nueva tierra iba a suscitar expectativas desmesuradas, las de muchos hombres que buscaban el beneficio fácil e inmediato, como si el oro cayera de los árboles. Nadie, en un primer momento, se planteó poblar la zona con voluntad de estabilidad, desde un proyecto a largo término. De ahí que, como una plaga de langostas, los recién llegados se entreguen a una política depredadora. La consigna general parece haber sido la de enriquecerse cuanto más rápido mejor, mientras hubiera oportunidades para ello. Ese es el espíritu de una advertencia que se atribuye al gobernador Francisco de Bobadilla: «Aprovechaos cuanto pudieredes, porque no sabéis cuánto este tiempo os durará».

La estrategia era muy simple, hacer trabajar hasta la extenuación a los indios, con tal de extraer de ellos el máximo rendimiento económico. Por eso, cuando un nuevo gobernador, Nicolás de Ovando, llegó a Santo Domingo en 1502, traía directrices para acabar con estos abusos. Los nativos trabajarían, pero sin verse coaccionados, y lo harían a cambio de un salario, de lo que «buenamente pudieran merecer», expresión que da a entender que los españoles fijarían esa retribución según su voluntad, casi como quien da una propina. Ovando, según Hugh Thomas, era un administrador competente pero también un hombre implacable. Hizo matar a la reina indígena Anacaona, después de invitarla a cenar, con la excusa de que planeaba un alzamiento contra los españoles. No será la última vez que se justifique una matanza con el argumento de una reacción preventiva.

Mapa del Caribe

Pese a los intentos de la Corona por limitar los desmanes más flagrantes, la región sufre las consecuencias del encuentro letal entre dos mundos antagónicos, por lo que el resultado es tan destructivo como si entraran en contacto la materia con la antimateria. Para los indígenas, lo habitual y lógico es procurarse lo estrictamente necesario para vivir. Producir excedentes no está en sus planes. Los colonizadores, en cambio, buscan riquezas a toda costa, y su idea para alcanzarlas no es cultivar la tierra o explotar las minas, sino hacer que otros lo hagan en su lugar. Al fin y al cabo, muchos son hidalgos o aspirantes a hidalgos; para esta pequeña aristocracia, el trabajo manual es tabú, una mancha infamante.

A los nativos, naturalmente, no les atraía demasiado la idea de entregar sus vidas en agotadores trabajos forzados. Las víctimas se multiplicarán así a un ritmo apocalíptico: unos, por extenuación; otros, por hambre, al escapar a los montes a la primera oportunidad para librarse de la esclavitud. Si a esto unimos el miedo y la falta de ganas de vivir, sin olvidar el impacto de las enfermedades que traen los europeos, el panorama resulta increíblemente desolador. Bartolomé de las Casas, en su *Historia de las Indias,* censuraría con su habitual energía el desinterés de los españoles por todo lo que no fuera su propio beneficio. Nadie hacía nada por evitar que los nativos, sometidos a «triste vida y aspérrimo cautiverio», cayeran como moscas. La Corona, ciertamente, deseaba convertir a los indios a la religión católica, pero, a ese ritmo, estaba muy claro que pronto dejaría de haber gente a la que catequizar.

¿Cómo resolver el problema? ¿Cómo lograr que los indios trabajasen y, al mismo tiempo, guardar un mínimo de respeto por los derechos? Se trataba de obligarlos a trabajar sin que eso significara reducirlos a la servidumbre. Para lograr esta especie de misión imposible, los españoles se sirvieron de la encomienda. Por este sistema, un grupo de nativos eran asignados, es decir, «encomendados», a un europeo que sería responsable de instruirlos en la fe. A cambio, ellos ofrecerían prestaciones laborales. ¿Fue la encomienda, como quieren algunos autores, una institución típicamente americana? ¿O hundía sus raíces, tal vez, en el viejo mundo del feudalismo? Lo que sí podemos asegurar son sus ventajas para la monarquía: la encomienda duraba la vida del beneficiado, a lo sumo también la de su primer descendiente. Eso dejaba al monarca un margen de actuación mucho más amplio que los clásicos repartimientos, en los que se entregaba la mano de obra de una vez para siempre.

La Española acabó convertida en un gigantesco campamento para buscadores de oro. Pero estos aventureros, por una especie de justicia poética, no consiguieron las riquezas que ansiaban. Cierto que consiguieron un brutal incremento de la producción aurífera, pero este éxito llevaba aparejado el lado oscuro de la inflación. Los precios se desmandaron, de forma que los alimentos y las manufacturas alcanzaron niveles realmente prohibitivos, cosa lógica en una economía apenas productiva, donde todo lo necesario había que traerlo desde España. Aquellos que se dedicaban a los metales preciosos acabaron, por tanto, llenos de deudas y con sus minas confiscadas. Sólo los que tuvieron la lucidez de dedicar algún esfuerzo a la agricultura y la ganadería, consiguieron prosperar.

De supuesto paraíso, la isla pasó a convertirse en un infierno. Los colonos, faltos de lo más básico, morían de hambre. Ante la falta de voluntarios para poblarla, se optó por enviar delincuentes a los que se conmutó la pena de cárcel por el destierro. Sin embargo, esta vía se dejó pronto de lado y, bajo el gobierno de Nicolás de Ovando, afluyeron nuevos inmigrantes.

## Un novato con pretensiones

Hernán Cortés fue uno de estos recién llegados. Según el dato habitualmente repetido por la historiografía, lo hizo en 1504. Pero, en el Archivo de Protocolos de Sevilla, se ha encontrado un documento, fechado a 29 de agosto de 1506, en el que Martín Cortés se obliga a desembolsar once ducados de oro a cambio de un pasaje a Santo Domingo. Se trata, sin duda, del padre del futuro conquistador. ¿Cómo resolver esta discordancia en la cronología? Hay dos caminos. Hugh Thomas se inclina por suponer que 1504, la fecha tradicional,

Nicolás de Ovando

es incorrecta. Esteban Mira, por el contrario, supone que el joven Hernando hizo un primer viaje, después regresó a la península y se desplazó por segunda vez a tierras americanas.

Al poco de pisar tierra, fue a ver a Ovando, le presentó sus respetos y le entregó algunas cartas de recomendación. Numerosos biógrafos cuentan que el gobernador le ofreció tierras, que él desestimó altivamente: «Yo no vine acá a cultivar la tierra como gañán, sino para buscar oro». Pero los comienzos no fueron fáciles. Cervantes de Salazar, en su crónica, cuenta que sufrió una gran pobreza, tanta que debía compartir la capa con un par de amigos, de forma que los tres pudieran utilizarla cada vez que debían acudir a sus negocios.

Según Mira Caballos, cuando llega a La Española en 1506, ha de enfrentarse a una coyuntura adversa. Se presenta en un momento poco oportuno, cuando los recursos de la isla ya se habían repartido entre los colonos. Por eso mismo, perdió la oportunidad de ascender socialmente. El sueño del oro se demostraba inviable, vista la fuerte caída de su producción. El camino de sobresalir como soldado tampoco era practicable, al hallarse la isla totalmente en calma.

Nos movemos un poco a tientas por la escasez de datos acerca de este período. Sabemos que obtuvo algunos ingresos, para nada exorbitantes, gracias a su trabajo de escribano en la villa de Azúa, puesto que, salvando las distancias, puede considerarse equivalente al oficio actual de notario. Mientras tanto, tal vez consiguió disfrutar de una pequeña encomienda. Si fue así, no ha quedado rastro documental de ello.

En su tiempo libre, no le faltarán aventuras amorosas, porque, como dirá un tanto eufemísticamente su amigo Díaz del Castillo, «fue algo travieso sobre mujeres», lo que implicaba meterse en líos de faldas que en ocasiones acababan con violentas disputas, cuando otro hombre pretendía a la misma dama. El conflicto se dirimía entonces por el clásico procedimiento de la pelea a cuchilladas, en las que, al parecer, él siempre salió victorioso, aunque no pudo evitar que un rival le dejara una herida que procuraba ocultar debajo de sus barbas.

Mientras tanto, los españoles insisten en la búsqueda de nuevos territorios. Así, en 1508, Juan Ponce de León, el futuro descubridor de Florida, conquista Puerto Rico. Al año siguiente, Diego de Nicuesa y Alonso de Ojeda parten en una expedición hacia Tierra Firme. Nuestro protagonista intenta enrolarse en ella, pero no puede hacerlo por un fuerte dolor en su pierna derecha. A la postre, este contratiempo será un golpe de suerte: se libra así de compartir el desastroso final de la aventura.

## CUBA, EL SIGUIENTE PELDAÑO

Cortés, sin embargo, no deja de buscar su oportunidad. En 1511 se traslada a Cuba, ya que el almirante Diego Colón, hijo del descubridor, había decidido poblarla. ¿Poblar? El padre Las Casas tenía muy claro que el término era un descarado eufemismo. Las palabras que mejor se ajustaban a los hechos eran muy otras, «despoblar y destruir».

Diego Velázquez, teniente de gobernador, fue el responsable de hacer efectiva la ocupación del territorio, en representación de Colón. Lo acompañaron muchos blancos empobrecidos de La Española que buscaban desesperadamente un medio para salir del atolladero, llenos de miseria y de deudas. Según Las Casas, «Dios castigaba así sus culpas por el trato cruel a los indios –algo que indudablemente complacía al dominico–, ¡después de perpetrar tantos abusos, ahora se encontraban en medio de la penuria económica!». A fin de cuentas, la providencia hacía la justicia que ignoraban los hombres. Santo Domingo se había convertido en una cárcel para todos estos desarrapados y por eso estaban dispuestos a todo por irse a nuevas tierras, donde esperaban beneficiarse de nuevos repartos de indios.

La conquista de Cuba tuvo lugar sin demasiada gloria. Fue prácticamente un paseo militar, donde la única resistencia estuvo en manos del cacique Hatuey. Al

Hatuey

ser condenado a la hoguera, este jefe indígena manifestó que no deseaba ir al cielo si a ese lugar iban también los españoles. Así de terribles los consideraba.

Los nativos, de acuerdo con el padre Las Casas, eran gentes sencillas, pacíficas y benignas, incapaces de hacer mal a nadie, «antes bien unas a otras». La invasión europea, para ellos, se tradujo en un desastre a todos los niveles. No sólo por las repercusiones directas de los combates sino por el impacto ecológico de una cultura extraña. La agricultura tradicional de los isleños se vio completamente destrozada por la introducción de animales ajenos al entorno natural, como los cerdos, que en poco tiempo pasaron de una piara a cerca de treinta mil. Eso por no hablar de los caballos o de los bueyes salvajes, que se extendieron como una plaga devastando los cultivos.

Se suponía que Velázquez no actuaba por su cuenta sino en nombre de Diego Colón. A la hora de la verdad, no dudará en traicionarlo y en hacerse con todo el poder en el nuevo territorio. Esta forma de actuar responde a una pauta corriente en la conquista de América: el subalterno busca independizarse del líder y gozar de autoridad propia. Algunos años más tarde, Cortés le hará a Velázquez lo mismo que Velázquez le hizo a Colón.

Algunos biógrafos han supuesto que nuestro extremeño tuvo en Cuba su bautismo de fuego. En realidad, no hay pruebas que demuestren su intervención en ninguna acción militar. Para Mira Caballos es probable que participara en alguna escaramuza, pero sin distinguirse aún por su capacidad guerrera.

En su nuevo hogar, el de Medellín disfruta de un entorno favorable. Ahora ya no es un marginado sino uno de los primeros pobladores de la isla, estatus que le confiere una situación privilegiada. Continúa trabajando en una notaría, pero ya no en una localidad sin importancia sino en Santiago de Baracoa, es decir, en la entonces capital.

Ahora sí se ha beneficiado de un buen reparto de indios. Tiene a su disposición los de tres pueblos, Manicarao, Bany y Arimao, lo que significa que no le falta mano de obra para introducir el ganado vacuno y caballar, o para dedicarse a la extracción aurífera, según refiere escandalizado Bartolomé de las Casas: «Los (indios) que por sacarle el oro murieron, Dios habrá tenido mejor cuenta que yo». Así, con una actividad incesante, Cortés se labra una posición económica más que desahogada. No llega a situarse entre los más acaudalados, pero sí sobresale con claridad de la media. De acuerdo con el cronista Antonio de Herrera, logró reunir tres mil pesos de oro, una fortuna por entonces. Los estudios más recientes han destacado esta faceta de comerciante y hombre de empresa, que tradicionalmente había pasado desapercibida. No se trata de una cuestión menor, ya que sin capacidad inversora nunca habría llegado a convertirse en el líder de la expedición que se apoderaría de México. No obstante, es dudoso que por esos años tuviera vocación de conquistador. Tal es la opinión de Juan Miralles, uno de sus biógrafos más autorizados.

## Novio a la fuerza

En aquellos momentos, sus relaciones con Velázquez eran malas. Este, con su política de reparto de indios, había obtenido muchas lealtades. No es descartable que Cortés se viera mezclado en alguna intriga con los descontentos, hasta el punto de convertirse en una especie de portavoz. Él tendría que encargarse de hacer llegar las quejas ante los dos jueces del Rey que acababan de llegar a la isla. ¿Estaba de acuerdo con sus demandas? ¿Le movió algún resentimiento hacia Velázquez?

Sabemos que el asunto no terminó bien y fue a dar con sus huesos en la cárcel. Las Casas cuenta que el gobernador, puesto sobre aviso, le mandó prender. Y lo hubiera enviado a la horca si mucha gente no hubiera intercedido en su favor. Nuestro hombre, sin embargo, no tardó en fugarse. Buscó refugio en una iglesia, ya que en los templos católicos existía el derecho de asilo y la autoridad civil no podía entrar. Un día, sin embargo, se descuidó y salió fuera, momento que el alguacil Juan

Escudero aprovechó para capturarlo. El cumplimiento de su deber iba a costarle muy caro: ya durante la conquista de México, Cortés mandó ejecutarlo.

No conocemos lo que vino después con toda precisión, pero sí podemos asegurar que el extremeño y Velázquez acabaron por hacer las paces. Su reconciliación se vio facilitada por un enlace matrimonial, la boda de Hernando con Catalina Suárez Marcaída, una mujer que había llegado a la isla en 1509, acompañada de su hermano Juan y de sus hermanas, todas en busca de un buen partido. Se trataba de una familia pobre, pero con ínfulas de nobleza. No en vano, alardeaba de su parentesco con el duque de Medina Sidonia y con el marqués de Villena. En aquellos momentos, las españolas jóvenes no eran precisamente abundantes, así que aquellas mujeres casaderas se convirtieron en el centro de atención. Seguramente las conversaciones giraban en torno a ellas, a falta de mejores cotilleos.

Atraídos por el sabor de lo nuevo, los galanes comenzaron a pulular en su entorno. Una de ellas, famosa por su reputación discutible, se convirtió en la amante del gobernador. Cortés, por su parte, sedujo a Catalina y parece ser que le dio palabra de matrimonio. Cuando ella lo presionó para que cumpliera su compromiso, trató de escabullirse, pero entonces Velázquez y otras personas lo forzaron para que pasara por el altar.

De esta manera, el futuro conquistador obtuvo un rédito político considerable. El gobernador, su padrino de bodas, lo premió con la alcaldía de la ciudad de Santiago. Para Las Casas, su generosidad excedió en mucho la que merecía un traidor. Al no ser de carácter vengativo, todo se le olvidaba pasado el primer impulso de cólera. Cortés, mientras tanto, habría demostrado su hipocresía fingiendo una lealtad que estaba muy lejos de sentir. Pero el biógrafo Bennassar plantea sus dudas a esta versión de los acontecimientos: no es convincente que la víctima de una grave conspiración demostrara tanta magnanimidad con uno de los supuestos culpables.

El matrimonio, pues, obedecía a conveniencias muy precisas. No fue por amor, como pretendía el cronista Díaz del Castillo. Como nos dice la historiadora María Antonia Bel Bravo, el enamoramiento no se considera razón suficiente para acceder al sacramento. La pasión, desde este punto de vista, suscita serias desconfianzas porque contribuye a oscurecer el buen juicio de los contrayentes. Si se dejaran llevar por ella, los futuros esposos antepondrían elementos superficiales como el atractivo físico a las cualidades profundas. De ahí que Pedro de Luján, en sus *Coloquios matrimoniales* (1550), advirtiera que «casamiento por amores pocas veces deja de parar en dolores». Quería decir que el amor, cuando viene muy rápido, rápido también se va. Porque una cosa es lo hermoso, otra lo provechoso.

Podemos imaginar que, pasado el primer deslumbramiento, o una vez satisfecho su apetito, Cortés perdió todo interés en Catalina. De forma muy llamativa, Díaz del Castillo se muestra extrañamente escueto al tratar su enlace, como si el tema lo incomodara y la pluma le quemase en los dedos. Por eso se limita a decir que otros ya han hablado del tema, por lo que él piensa guardar silencio. «Y esto de este casamiento muy largo lo decían otras personas que lo vieron, y por esta causa no tocaré más en esta tecla».

El cronista tenía motivos para ser parco en palabras, al ser este un punto muy delicado. El matrimonio, en efecto, resultó un desastre. Para empezar, por la actitud de Cortés hacia las mujeres. Siempre fue un donjuán: después de casado, tuvo una hija con Leonor Pizarro, de la que casi nada sabemos. José Luis Martínez cree que, tal vez, pudo ser una pariente suya, a juzgar por el apellido. En cambio, Christian Duverger, siguiendo a Díaz del Castillo, defiende su origen indio. En su opinión, este romance marca un antes y un después en su vida, como si fuera un hito transcultural. Tendríamos a un hombre ya no seguro de su fidelidad al mundo español, que vuelve la mirada hacia el otro campo, el de los nativos, donde halla a una mujer a la que considera su esposa. Su vida privada se convertiría así en la expresión de una conciencia proindígena que iba a causarle problemas, al enfrentarlo con la autoridad representada por Velázquez.

Es una historia hermosa, sin duda. Lástima que no cuadre para nada con lo que sabemos del conquistador. Cortés... ¿feliz padre de familia? La vida doméstica nunca le interesó. Las mujeres le servían para satisfacer urgencias físicas o para medrar socialmente. Y respecto a los nativos, se comprende que Duverger no quiera caer en la leyenda negra, pero se escora demasiado hacia el extremo opuesto presentando a una figura de contornos casi angelicales. ¡Prácticamente un nuevo Las Casas!

Leonor no sería el amor de su vida, sí es que alguna de sus compañeras lo fue, pero eso no significa que no se preocupara por la hija que tuvieron en común. Le puso el nombre de su madre, Catalina, y la hizo legitimar años después por el papa. Su actitud no tenía nada de inusual, ya que el nacimiento de una bastarda no resultaba demasiado escandaloso. Tenemos la prueba en el bautizo de la niña, al que asistió el gobernador en calidad de padrino. El futuro conquistador, según Las Casas, suplicó a Velázquez que tuviera a bien hacerle tal distinción.

Que un hombre echara una cana al aire entraba dentro de lo socialmente aceptado. Un obstáculo mayor, para la estabilidad matrimonial del héroe, lo representaba su mentalidad clasista, basada en prejuicios sólidamente arraigados. Por lo que sabemos, Cortés menospreciaba a su esposa a consecuencia de su baja extracción social. Contamos con la versión de los historiadores de Indias, pero también con los testigos de la boda.

Además, él mismo delató su insatisfacción cuando, en cierta ocasión, afirmó que estaba tan contento de Catalina como si fuera la hija de una duquesa. Y ya se sabe que, como reza el dicho latino, el que da excusas que nadie le pide se acusa a sí mismo. Como dice uno de sus biógrafos, expresaba con este comentario «que dormir con la hija de una duquesa era su verdadera ambición».

Estos elementos constituían de por sí un cóctel explosivo. Pero, seguramente, el factor determinante del fracaso de la relación vino dado por la ausencia de hijos. En la época, el matrimonio no se justificaba por enlazar a dos personas que se amaban, sino como un medio de acceder a la estabilidad social, acrecentar el patrimonio de la familia y, sobre todo, asegurar la descendencia. A partir de estas premisas, Cortés debió de pensar que su esposa le resultaba inservible. No daba continuidad a su apellido ni compensaba su infertilidad aportando una sustanciosa dote o contactos con personas influyentes.

## Una expedición tras otra

En esos momentos, los dominios españoles en América se reducían a cuatro islas: Cuba, Santo Domingo, Puerto Rico y Jamaica, más un trozo de tierra firme en el Darien. «Lo demás de aquel imperio consistía no tanto en la verdad, como en las esperanzas que se habían concebido de diferentes descubrimientos», señalaría, sagazmente, el cronista barroco Antonio de Solís. Dicho de otra manera: la colonización hispana no se alimenta tanto de realidades materiales como de promesas, de ambiciosas expectativas.

Con vistas a proteger a los indios, la Corona española promulgó en 1512 las leyes de Burgos. El problema

Conquistador español

era aplicarlas en territorios lejanísimos, sin suficientes recursos coercitivos. Los medios implementados desde la Península, como dijo Solís, «perdían la fuerza en la distancia».

Un año más tarde, Vasco Núñez de Balboa, a la altura de la actual Panamá, descubre un nuevo océano, el Pacífico. En un clima de efervescencia, las expediciones se multiplican, todas a la búsqueda de tierra firme. Al igual que había sucedido antes en La Española, la población nativa de Cuba comenzaba a extinguirse. Resultaba urgente, por tanto, la búsqueda de más dominios.

La exploración de Francisco Hernández de Córdoba, en 1517, se saldó con un considerable desastre. Este hacendado de Cuba partió supuestamente en busca de esclavos, aunque él mismo confesó que su auténtico objetivo era encontrar «una buena isla, para poblarla y ser gobernador de ella». Sin embargo, el plan chocó con la hostilidad de los indios. Las pérdidas, más de la mitad de los hombres, hablaban por sí solas. Pero, pese al estruendoso fracaso, el viaje tuvo un efecto positivo, el de alcanzar las costas de Yucatán. La sed de nuevas conquistas puede apoyarse así en una base tangible. «Se logró por lo menos la evidencia de aquellas regiones», diría Solís. Ahora, al contrario que en el Caribe, los españoles habían dado con una civilización avanzada. Ahí estaban los edificios de piedra y los sofisticados vestidos de las mujeres, que recordaron a los castellanos el atuendo de las moras granadinas.

Los nuevos descubrimientos iban a despertar ambiciosas expectativas. No en vano, se encontraron indicios de oro. Los que consiguieron sobrevivir, a su regreso, soñaban con un nuevo intento que les colocara al alcance de la mano las grandes riquezas que ansiaban. Su testimonio, unido a las pequeñas joyas que traían, suscitó un clima de entusiasmo. Quien más, quien menos, dejó volar la imaginación.

Así las cosas, el gobernador Velázquez decidió preparar una nueva aventura con más barcos. Dio el mando a Juan de Grijalva, al que se suele presentar como su pariente, prohibiéndole expresamente poblar nuevas tierras. Debía limitarse a rescatar, es decir, a cambiar mercancías ordinarias por oro u otro metal precioso.

Los indígenas que Grijalva encontró se distinguían por sus construcciones de piedra. Rendían culto a sus dioses en grandes templos, muy bien trabajados. A través de un intérprete, los recién llegados preguntaron por lo que más les interesaba, el oro. Este hecho daría

Grijalva

pie a la feroz ironía con la que Bartolomé de las Casas ridiculiza la obsesión hispánica por las riquezas fáciles: «Preguntóles [...] si tenían oro y que se lo comprarían o trocarían [...]; y este fue, como siempre, que los españoles acostumbraron, el principio de su Evangelio y tema de sus sermones». Los nativos les respondieron que, si querían dorado metal, debían continuar hacia donde se ponía el sol. Hacia un territorio llamado México.

Animados por las riquezas que hallaban, los expedicionarios solicitaron a su comandante que poblara aquella región. Siempre disciplinado, Grijalva se negó en redondo. No le habían dado poderes para tal cosa. En su *Historia de las Indias,* no sin ternura, Bartolomé de las Casas lo describe como un hombre honrado, tan fiel que no sería capaz de quebrantar una orden «aunque supiera que lo habían de hacer tajadas». Desde este punto de vista, nos encontraríamos ante un capitán de escasa personalidad, al que se le fue de las manos el control de los acontecimientos. Ni por su juventud ni por su talante sería la persona idónea para imponerse a sus inmediatos subordinados, entre los que se hallaba el explosivo Pedro de Alvarado, futuro protagonista de la conquista de México. No obstante, no todos los cronistas están de acuerdo en este retrato. Solís, en el siglo XVII, defendió a Grijalva, presentándolo como un capitán tan prudente como valeroso.

¿Se hundió la expedición bajo el peso de las divisiones internas? Según Solís, no es cierto que Grijalva no deseara poblar la zona. Al no tener mandato para ello, simplemente se limitaba a informar de sus descubrimientos a su superior, Velázquez, aguardando que este diera su autorización y enviara hombres y pertrechos, porque estimaba que, sin estos refuerzos, cualquier intento de pasar a mayores estaba condenado al fracaso. Fuera así o no, parece que se vio desbordado por la impaciencia de sus capitanes. Incapaz de llegar a un acuerdo con ellos, envió a casa al más problemático, Alvarado, junto con los heridos.

## El momento de la verdad

Velázquez, ansioso por recibir noticias, se impacientaba. ¿Dónde estaba su enviado? Inquieto, decidió preparar cuanto antes una expedición en su busca para mandarle refuerzos, por si se encontraba en apuros, pero también por interés personal. Debía evitar que otro, adelantándose, se llevara el mérito de una posible conquista. No se trataba de un temor vano: el gobernador de Jamaica, Francisco de Garay, trazaba por entonces planes para fundar una nueva colonia por la zona del río Pánuco, en el golfo de México. En palabras del biógrafo Juan Miralles, lo que se dirimía era una «carrera contra reloj».

Acuciado por la urgencia, Velázquez buscaba un comandante para la nueva empresa. Y eligió a Hernán Cortés, pese a su inexperiencia militar, seguramente porque era el único, entre los posibles candidatos, capaz de reunir a la gente necesaria. Cervantes de Salazar cuenta que, en esos momentos, los españoles se hallaban divididos por la pugna acerca de quién sería el jefe de la expedición. Si el elegido era uno, sus enemigos se negarían a acompañarle. Si lo hacían, el resultado sería igualmente calamitoso: «había de haber disensión y desgracias».

Una carta dirigida a Carlos V por los soldados del conquistador, pero sin duda inspirada por él, confirma este punto de vista, «porque a la sazón el dicho Fernando Cortés tenía mejor aparejo que otra persona alguna de la dicha isla (Cuba), y que con él se creía que querría venir mucha más gente que con otro cualquiera». En el mismo sentido se pronunció Alonso Hernández de Portocarrero, uno de sus más estrechos colaboradores, al afirmar que si él no hubiera sido el capitán, ni siquiera un tercio de sus hombres se habría enrolado.

Velázquez tuvo, además, otros factores en cuenta. Creyó que Hernán Cortés era la persona idónea porque, al haberlo favorecido de diversos modos, tenía que guardarle lealtad. ¿No le había hecho alcalde de Santiago? Suponía, por tanto, que iba a comportarse como se esperaba de un cliente respecto a su patrón. Es decir, procurando servirle. Además, imaginó que más tarde o más temprano acabaría volviendo a Cuba, al encontrarse su esposa, Catalina, allí.

Tampoco hay que descartar razones monetarias: el gobernador esperaba que el extremeño corriera con parte de los gastos. Sobre este punto económico, referente a quién de los dos aportó más, los cronistas discutirán largo y tendido con opiniones para todos los gustos. Era un tema delicado, ya que el mayor inversor podía reclamar más derechos a dirigir. Así, en una de sus cartas a Carlos V, Cortés pondrá mucho cuidado en asegurar que su contrincante no aportó más de la tercera parte del desembolso.

Velázquez, en suma, necesitaba a un comandante lo bastante capaz para sortear todas las dificultades, pero al mismo tiempo sin ambición de protagonismo, para que no sintiera la tentación de hacerle sombra. Debía limitarse a hacer su trabajo y dejar que él, en una segunda fase del proyecto, conquistara las nuevas tierras, de las que se convertiría en gobernador.

Encontrar a alguien con cualidades tan opuestas equivalía a pretender cuadrar el círculo. Antes de elegir a Cortés, barajó todas las opciones posibles, pero nadie daba el perfil. Unos porque no resultaban fiables y otros por sus desorbitadas exigencias, otros por ser poco fiables...

De esta manera, Cortés, sin ambicionar el cargo, se habría visto con él. Muy pronto, con su don de gentes, supo ganarse a los descontentos con Grijalva. Las Casas, para nada admirador suyo, admite que «sabía tratar a todos, a cada uno según le conocía inclinado». Para el fraile dominico, estaba claro que los voluntarios que había reunido el extremeño no perseguían sino oro y más oro. Años después, evoca el acontecimiento con asco apenas contenido, indignado ante la codicia de unos hombres cegados con el señuelo de riquezas incalculables: «Iban donde todos esperaban henchir las manos».

Velázquez

Algunos cronistas afirman que Cortés, en el momento de partir, se rebeló contra Velázquez, decidido como estaba a actuar por cuenta propia. Pero Antonio de Solís, en su *Historia de la conquista de Méjico,* argumentó convincentemente que eso no podía ser así. El de Medellín era demasiado astuto para demostrar una abierta rebeldía en un momento tan prematuro, al hallarse bajo la jurisdicción del gobernador. Aún necesitaba hacer escala en otros lugares de Cuba, donde recoger provisiones. «No negaremos que Hernán Cortés se apartó de la obediencia de Diego Velázquez –escribe Solís–, pero fue después».

La relación de Andrés de Tapia nos presenta al extremeño, al poco de zarpar, preocupado por no ir abastecido como él quisiera. Es por eso que realiza gestiones, lo mismo en puertos de Cuba que de Jamaica, para hacerse con alimentos. Le interesan los tocinos y también un pan hecho de yuca, una planta nueva para los españoles, que Tapia describe entre la curiosidad y la sorpresa. Nos dice que se trata de una especie de nabo que, una vez rallado y cocido, «es pan y razonable mantenimiento».

¿Es posible que Hernán Cortés pudiera dedicarse a todos estos preparativos, a plena luz del día, sin que Velázquez consiguiera frustrar sus planes? Este, de acuerdo con la historiografía, parece disponer de un escaso poder efectivo frente a un caudillo pujante y con una extensa red de relaciones, más dispuestas a favorecerlo a él que a la cabeza política de la comunidad. Quizá la clave estuvo en la irresolución del gobernador, arrepentido de haber escogido a la persona inadecuada pero consciente de su situación de debilidad, por lo que evitaba el choque directo. Quiso arrebatarle el mando, pero no encontró quien quisiera cumplir su orden. El alcalde mayor de Trinidad, un tal Francisco Verdugo, no tuvo valor para hacer efectiva la destitución de Cortés y provocar de esta manera un grave enfrentamiento físico.

Se ha insistido en que nuestro hombre sólo tenía poderes para descubrir nuevas tierras, pero no para efectuar una conquista territorial. Se limitaría a la exploración, procurándose una detallada información sobre la zona que iba a reconocer. Todo debía consignarlo en un documento ante notario, en el que daría fe de las costumbres y de la religión de los pueblos indígenas y se extendería en detalles geográficos. Llevaba también un encargo que hoy nos parece, cuando menos, extravagante: dilucidar si, efectivamente, existían hombres con cabeza de perro, mito medieval que se resistía a morir por más que Colón, en una de sus cartas, especificara que no había encontrado tales criaturas.

Entre sus instrucciones no faltaba, por supuesto, una misión importantísima, señalar las fuentes potenciales de riqueza. El oro, por supuesto, pero también la plata, las especias o las perlas.

¿Fueron las cosas exactamente así? En este punto, conviene hacer una precisión. Cierto que por escrito no se dio a Cortés potestad para una acción militar. No podía ser de otra manera, ya que Velázquez carecía de atribuciones para encargar nuevas conquistas. Antes de hacerlo debía solicitar autorización a la Corona y, como mucho, contaba con un permiso de origen dudoso. Sin embargo, entre sus órdenes figuraba la de convertir a los indios en vasallos de la Corona. Lógicamente, algo así implicaba la utilización de medios armados, aunque este tema se dejaba en el limbo, al no especificarse con claridad lo que se buscaba. Todo parece indicar, pues, que una cosa era el objetivo oficial y otra el objetivo oficioso: bajo la apariencia de un viaje exploratorio se encubría un proyecto de colonización. Existen, de hecho, testimonios que van en esta dirección. El de Díaz del Castillo, por ejemplo, señala que Cortés tenía atribuciones para poblar si lo estimaba necesario. El historiador Esteban Mira apunta, con lógica, que el propio tamaño de la armada, once barcos frente a los cuatro que llevó Grijalva, «denotaba implícitamente una voluntad pobladora».

De una forma o de otra, lo que importa es que Cortés inició la conquista de México como un rebelde frente a la autoridad legítima. Pero él era un hombre de acción. Ya se encargaría más adelante de reescribir la historia a su gusto, asignándose el papel de fiel servidor del Rey. En esos momentos, sólo le importaba que el destino lo había elegido para acometer una gran hazaña.

## En defensa de los indios

Ante los abusos de los colonizadores en La Española con la población nativa, los religiosos dominicos de la isla optaron por la defensa de los más débiles. En 1512, fray Antón de Montesinos pronunció un memorable sermón en el que acusaba a sus oyentes de estar en pecado mortal. El motivo era muy claro, la crueldad con la que trataban a una gente pacífica e inocente. Con un estilo digno del Shylock de la shakesperiana *El mercader de Venecia,* el buen religioso fue sin miedo al fondo de la cuestión. Si los indios eran seres humanos, la obligación de todo buen cristiano era tratarlos como a tales: «¿Estos, no son hombres? ¿No tienen ánimas racionales? ¿No sois obligados a amarlos como a vosotros mismos?». Como era de esperar, tan feroz denuncia sentó muy mal. Las autoridades querían castigar a Montesinos por haber provocado el escándalo con sus teorías nuevas. Y «nuevo», en ese contexto, no posee una connotación positiva sino todo lo contrario, el de una novedad peligrosa. Lo cierto es que muchos y poderosos intereses se vieron entonces amenazados. Los españoles no querían renunciar así como así a repartirse la población local, una fuerza de trabajo a la que creían tener pleno derecho, en recompensa a sus esfuerzos como conquistadores.

# 3

# El inicio de la conquista

Unos quinientos cincuenta españoles acompañaron a Cortés cuando este partió hacia México, el 18 de febrero de 1519. Contaba con doscientos o trescientos indios, además de algunos esclavos negros. Un piloto experimentado, Antón de Alaminos, se ocupa de guiar la flota. Ha servido en las anteriores expediciones a Tierra Firme, primero en la de Hernández de Córdoba y después en la de Grijalva.

Cuando los barcos llegan a la isla de San Juan de Ulúa, en Jueves Santo, dos canoas grandes salen a su encuentro. Los indígenas las denominan 'piraguas'. Lo primero que hacen es buscar al jefe de los españoles: el navío más grande, donde se hallan los estandartes, les proporciona la pista correcta. Son enviados del emperador de los aztecas, Moctezuma. Como buenos diplomáticos, comienzan ofreciendo su cara más amigable: si los recién llegados necesitan alguna cosa, sólo tienen que pedirla y la tendrán enseguida. Esta demostración de cordialidad ha de facilitarles su objetivo, averiguar, por cuenta de su señor, quiénes son y qué desean los insólitos extranjeros. En la documentación indígena que ha llegado hasta nosotros se palpa la estupefacción ante aquellos seres de piel blanca, «como si fueran de cal», con vestidos de hierro y armas del mismo metal. Por si este conjunto no fuera bastante extraño, llegaban en torres flotantes, por encima del mar, algo nunca visto ni oído.

Es lógico, por tanto, que los historiadores acostumbren a insistir en el sentimiento de sorpresa. En México, según John Darwin, no existía ninguna relación con las islas del Caribe, por lo que fue imposible que Moctezuma tuviera información de los invasores. Christian Duverger, en cambio, cree que el soberano estaba perfectamente al tanto de los acontecimientos. El Caribe se hallaba interconectado, por lo que resultaba perfectamente lógico que los aztecas conocieran el asentamiento de un nuevo pueblo en un territorio que, a fin de cuentas, se hallaba a las puertas de su propio imperio. Pero si realmente sucedieron así las cosas, no se acaba de entender por qué los nativos no se encontraban mejor preparados.

Frente a San Juan, en tierra firme, nace Veracruz. Como bien señala Matthew Restall, las ciudades, a ojos de los españoles, equivalen a la civilización, aunque eso no significa que se pongan a construir edificios inmediatamente. Lo importante de la fundación de una urbe no es la aparición de un núcleo de viviendas, sino la creación de un núcleo de autoridad, que después se puede convertir, o no, en una realidad física.

Desde un punto de vista jurídico, que aquí es el único importante, la jugada es maestra. Veracruz sólo existe en esos momentos de nombre, pero eso es lo de menos. De lo que se trata es de constituir, aunque

San Juan de Ulúa

sólo sea sobre el papel, un cabildo o ayuntamiento. Los cargos, naturalmente, recaerán en partidarios de Cortés. Una vez elegidos, estos se apresuran en nombrarlo justicia mayor y capitán, con lo que sus cargos ya no proceden de Diego Velázquez. A partir de aquí, ya sólo estará obligado a rendir cuentas al Rey. En consecuencia, se verá revestido de legitimidad para nombrarse gobernador de las tierras de las que consiga apoderarse.

## EL MITO DE LOS BARCOS QUEMADOS

Los hombres de Velázquez, como cuenta Bartolomé de las Casas, no se tomaron nada a bien esta especie de golpe de Estado incruento. Pero Cortés interviene rápidamente para prevenir una reacción en su contra, ordenando prender a los disconformes. Se verá obligado a soltarlos poco después, por presión de algunos amigos de los implicados. Pero no tendrá tantas contemplaciones cuando los conspiradores intenten robar un barco y escapar a Cuba, para avisar al gobernador. Entonces sí descarga todo el peso de su furia, con ejecuciones incluidas.

Para evitar que otros caigan en la misma tentación, ordena barrenar sus buques, con lo que hace imposible la retirada. De aquí surgirá el mito de la «quema de las naves», expresión que aún hoy se utiliza para expresar una determinación a toda prueba. La leyenda hace que imaginemos a un Cortés imponiendo abiertamente su voluntad, pero la realidad fue otra, sea cual sea la versión que tengamos en cuenta. Si seguimos a Díaz del Castillo, el conquistador incorporó así a su contingente a los pilotos y marineros, que de otra forma se hubieran quedado en el puerto. Tomó la decisión a la vista de todo el mundo, pero antes se preocupó de establecer muy claramente la responsabilidad colectiva de la misma: «Le aconsejamos los que éramos sus amigos, y otros hubo contrarios, que no dejase navío ninguno en el puerto». De esta forma, al contar con el apoyo de sus hombres, el extremeño se cubría las espaldas de cara al futuro. Si alguien le reclamaba que pagara los barcos que acaba de inutilizar, siempre podía decir que hizo lo que hizo siguiendo el parecer de los suyos. A todos, por tanto, correspondería satisfacer el importe.

En el otro relato de los acontecimientos, Cortés aparece igualmente calculador, sólo que para tramar una obra maestra del engaño que le permita salirse con la suya. Según López de Gómara, hizo esparcir la noticia de que los barcos se hallaban en muy malas condiciones, roídos por la broma. Para completar la farsa, mandó a los pilotos de los navíos que le comunicaran la mala noticia mientras él se hallara con otras personas. Como efectivamente los barcos llevaban anclados más de tres

Las naves de Cortés

meses, era muy posible que efectivamente su casco se hubiera deteriorado, por lo que en un primer momento nadie puso en duda su palabra. Mientras tanto, Cortés se lamentaba vivamente en público por tan sensible contratiempo. Su ardid era propio de un consumado maquiavelismo, a la vez que denotaba un considerable talento de actor. En esta, como en otras ocasiones, hizo del disimulo un auténtico arte.

Con los hechos consumados, pudo decir a sus hombres que sólo les quedaba cumplir con su deber, «pues a los osados siempre ayudaba la fortuna». Lo cierto es que su gesto crearía escuela y sería repetido por otros conquistadores. Francisco de Montejo, en 1527, haría algo parecido mientras peleaba en Yucatán.

Entre tanto, ha de preocuparse por cómo gestionar la relación con los indígenas, a los que asegura que trae intenciones amistosas. Estos le ofrecen regalos convencidos de que los foráneos, por sentido de la cortesía, se marcharán después. De esta forma, unos y otros evitarán el enfrentamiento violento. El efecto, sin embargo, es justo el contrario. Los extranjeros, ajenos a esta noción de pacto, sólo tienen ojos para el metal precioso. Con este poderoso estímulo para su codicia, su deseo de seguir adelante se verá reforzado, por más que en cierto momento, Cortés, siempre atento a las apariencias, ordena a los suyos bajo pena de muerte que ni siquiera toquen el oro. ¡No había que dar lugar a que los otros pensaran que estaban allí sólo por sed de riquezas!

No parece que los españoles acertaran a dar esta imagen. Más bien justo la contraria. En las fuentes indígenas se refleja el desprecio hacia la obsesión aurífera de los hombres barbudos, algo totalmente incomprensible en una sociedad con otros parámetros acerca de las prioridades de la vida: «Les dieron a los españoles banderas de oro, banderas de pluma de quetzal, y collares de oro. Y cuando les hubieron dado esto, se les puso risueña la cara, se alegran mucho (los españoles), estaban deleitándose».

## El enemigo de mi enemigo es mi amigo

Cuando los nativos advierten que aquellos seres con armadura no son aliados de los aztecas, comienzan a fraguarse alianzas contra el enemigo común. No en vano, las diversas tribus estaban sometidas a un poderoso imperio, militarista y fuertemente represivo. Tal era el caso de los totonacas, uno de los pueblos costeros que habían enviado espías para enterarse de quiénes eran los españoles. Poco después les brindan un buen recibimiento en Cempoala, una de sus principales ciudades, con cerca de treinta mil vecinos, lo bastante esplendorosa para sorprender las miradas europeas. Sus muros, cuenta Bartolomé de las Casas, son de cal y canto. Su aspecto, el de un vergel, hace recordar la imagen de un jardín edénico. Según Cervantes de Salazar, los españoles, admirados, la llamaron «Sevilla la Nueva». En aquellos momentos, la capital andaluza era la ciudad más grande de Castilla. El hecho de que los españoles la escojan para compararla con Cempoala da una idea de cuánto les debió impresionar la metrópoli que acababan de conocer.

Los españoles entraron en ella rodeados de una multitud de curiosos, hombres y mujeres, expectantes ante aquellos seres extraños a los que agasajan con flores y con frutas que enseguida llamaron la atención de sus huéspedes, al ser muy distintas de las que conocían. No debió de ser este el único detalle que despertó su curiosidad, ya que los totonacas exhibían un aspecto insólito a los ojos del Viejo Mundo, con sus perforaciones en el tabique nasal y en las orejas. Los nativos, además, se partían el labio inferior, hasta el punto de mostrar sus encías.

Su líder, Quahutlaebana, pasará a la historia con el apelativo de «cacique gordo», por sufrir una obesidad que le dificulta el desplazamiento. Apenas tiene ocasión, se desahoga con los recién llegados, quejándose del yugo que padece su pueblo desde hace pocos años. Los aztecas, dice a Cortés, exigían cada año un tributo humano, hombres y mujeres para sacrificar a sus dioses. Otros, a su vez, eran obligados a trabajar para sus dominadores en los campos, o a servirles de criados en sus hogares. En cuanto a las mujeres, las más hermosas sufrían abusos de índole sexual. El memorial de agravios era interminable y el cacique, de acuerdo con la gráfica descripción de Díaz del Castillo, hablaba entre lágrimas y suspiros, hasta el punto de suscitar lástima. Daba la impresión de ser un hombre desesperado, aterrorizado, sometido a la angustia permanente de quien sabe que va a sufrir la siguiente arbitrariedad en cualquier momento.

Es importante comprender, por tanto, las dinámicas de poder en el México prehispánico, ya que sólo así puede explicarse el éxito de la conquista. Cortés reacciona prometiendo al «cacique gordo» que actuará para poner freno a tantos males. Es más, le asegura que su soberano, el emperador Carlos V, le ha enviado precisamente para hacer justicia. Pronto van a ver resultados.

Las Casas, apasionado como siempre, opinaba que el jefe español se había aprovechado indecentemente de las disensiones entre los indígenas para construir sobre ellas su propia tiranía. Si el cacique de Cempoala decía pestes del emperador de los aztecas, la prudencia aconsejaba escuchar a la otra parte antes de dar por buenas sus palabras, porque tal vez mintiera, calumniando a un monarca con legítimo derecho a exigir obediencia. Cortés, sin embargo, no se preocupaba de establecer la verdad a partir de pruebas irrecusables. Guiado por intereses espurios, daba crédito a los totonacas porque así podía justificar su violencia contra los aztecas, presentándose a sí mismo como un libertador. Para el fraile dominico, cometía una grave falta al erigirse en juez de asuntos que no le concernían. Y si los de Cempoala decían la verdad, si era cierto que se hallaban sometidos una opresión intolerable, eso no justificaba en absoluto la conquista militar. Cortés, para actuar con rectitud, debió seguir el ejemplo de Tito Quincio Flaminio. Después de su victoria sobre los macedonios, las ciudades griegas esperaban que Roma se convirtiera en la nueva potencia imperial. Sin embargo, en lugar de imponer otro yugo, Tito devolvió a los helenos las libertades que anteriormente poseían.

Sin embargo, la teoría de Las Casas no acaba de resultar convincente porque, más que en pruebas, parece basarse en supuestos apriorísticos. Los indígenas, por definición, son criaturas angelicales. No puede ser que estén divididos en opresores y oprimidos, porque ello introduce un elemento, la violencia, ajeno a lo que se supone que ha de ser la armoniosa sociedad nativa. En consecuencia, sólo queda una posibilidad: aceptar que el supuesto descontento hacia los aztecas sólo existía en la ficción creada por Cortés. Él habría impulsado a los totonacas a rebelarse contra su legítimo señor, introduciendo la discordia y animando a la insumisión fiscal. Los pobres indígenas, atemorizados por sus armas de fuego, conocedores de la destrucción que sembraba a su paso, no habrían sido capaces de oponerse a sus planes subversivos.

Nos situamos ante dos criterios diferentes: el moral y el político. El segundo es el que utiliza el extremeño, inspirado en las enseñanzas de su tiempo que Maquiavelo había expuesto con maestría. El florentino, pocos años antes, había escrito *El Príncipe,* un tratado basado en los principios más descarnados de la *realpolitik.* Allí recomendaba, entre otras cosas, que un jefe militar explotara las disensiones del territorio que pretendía conquistar:

> Y la secuencia de los acontecimientos es que, tan pronto como un extranjero poderoso entra en una región, todos aquellos menos poderosos que habitan en ella se le adosan, azuzados por la envidia que albergan contra quien ha tenido el poder antes que ellos; tanto que, con respecto a estos jefecillos menos poderosos, no debe tener inconveniente en ganárselo.

Esto es exactamente lo que ocurre en México con la llegada de Hernán Cortés: los descontentos con el dominio azteca se le unen enseguida. Y el español, diplomático consumado, sabe cómo atraerse a «jefecillos» como el cacique de Cempoala. Cervantes de Salazar, en su crónica, elogiará la astucia con la que sabe explotar los antagonismos entre los indígenas, reconociendo que la conquista hubiera sido imposible de otro modo. El propio Cortés hace referencia a la satisfacción que le produjo la falta de unidad entre los nativos: «Vista discordia y desconformidad de los unos y de los

Cacique gordo

otros, no hube poco placer, porque me pareció haber mucho a mi propósito». Propósito que no era otro que someterlos, obvio.

Una y otra vez, el extremeño sabe cómo desplegar sus artes de seducción. En Quiahuiztlan, un poblado totonaca, tendrá ocasión de salirse con la suya cuando se presenten cinco recaudadores de impuestos aztecas, que llegan con la soberbia de quien se sabe entre vasallos, para castigar la osadía de acoger a unos extraños sin contar con la preceptiva autorización del monarca. El precio de esta falta es oneroso, veinte jóvenes para ser sacrificados.

Es entonces cuando Cortés anima a los totonacas a que den un paso impensable, apresar a los emisarios de Moctezuma. Este golpe de mano audaz le concede un rédito político enorme: ahora puede presentarse como libertador. Una imagen que será plausible para muchos indígenas, en cuanto se difunda por la zona que ha suprimido el tributo debido a los aztecas.

Los totonacas, por su parte, no acaban de tenerlas todas consigo. Han cruzado el punto de no retorno y ahora temen que Moctezuma utilice su poder para destruirlos. El jefe de los españoles, para tranquilizarlos, tuvo que prometerles que mataría a quien intentará hacerles daño. De acuerdo con la crónica de Díaz del Castillo, Cortés habló con «semblante muy alegre». Cosa lógica, si se trataba de infundir confianza. Ahora dispone de unos aliados dispuestos a batirse junto a él contra los aztecas. El viejo principio del «divide et impera» [divide y vencerás] evidencia, una vez más, su formidable eficacia. El Rey de España aún no lo sabe, pero acaba de ganar nuevos vasallos. Estos, a su vez, ignoran que el caudillo castellano juega con las cartas marcadas. De noche y en secreto, libera a dos de los emisarios aztecas, que ya se veían sacrificados a los dioses. El mensaje para Moctezuma es claro: viene en son de paz.

Al día siguiente, liberará al resto de presos, también sin que los totonacas se enteren, lo que no obsta para que selle una alianza con ellos. Al igual que en la vieja Europa, las mujeres sirven de moneda de cambio para estos menesteres. Ansiosos por agradar a sus visitantes, los de Cempoala les ofrecen ocho hijas de caciques, ricamente ataviadas con vestidos de algodón y joyas de oro. «Parecían moriscas», escribirá López de Gómara. Una vez más, los españoles sienten la necesidad de comparar lo que ven con referentes del Viejo Mundo.

El objetivo de la oferta está muy claro: «hacer generación». La descendencia, aquí, responde a un designio político, construir una amistad sólida entre autóctonos y españoles. Los cempoaleses, sin duda, actúan de buena fe, aunque ignoran por completo el concepto de matrimonio de los hombres blancos. Entregan a sus mujeres para que sean esposas legítimas y ellas se tienen por tales, sin darse cuenta de que, a ojos españoles, no pasan de simples concubinas. El cronista Cervantes de Salazar, con un matiz de desprecio, da cuenta de este malentendido: «Las otras señoras, mancebas de los otros caballeros y mujeres, á su parecer, porque así también lo creía el señor de Cempoala». El porqué de esta actitud hay que buscarlo en la rigidez moral del catolicismo de la época, para el que no hay verdadero matrimonio sin una ceremonia religiosa de por medio.

A Cortés, siempre agudo, no se le escapa la oportunidad de obtener los máximos beneficios a través de los aparejamientos. Por eso, antes de aceptarlos, exige de los totonacas la renuncia a sus dioses, esos ídolos «que los traen engañados». Deben terminar, asimismo, con la práctica de la sodomía, es decir, de la homosexualidad. Y también con los sacrificios humanos.

El tema del canibalismo en el México precortesiano merece un inciso por tratarse de una cuestión altamente espinosa, que ha generado polémica desde el comienzo. Para Bartolomé de las Casas, en Yucatán no se dio esta práctica. A su juicio, el cronista Gómara se limitaba en este punto a seguir las indicaciones de Cortés, el hombre al que servía. Los españoles, a través de tales infamias, no hacían otra cosa que intentar disculpar sus horribles violencias.

En sentido contrario, se puede argüir que Gómara, en un momento de su *Historia de la conquista de México,* relativiza la amplitud de los sacrificios: «Crueles carnicerías eran, y mataban entre año muchos hombres y mujeres y algunos niños; empero no tantos como dicen». Si la intención de este autor era difamatoria, ¿por qué se molestó en desmentir las exageraciones sobre las cifras de muertos? Su gusto por la precisión revela una voluntad de escribir la verdad.

Con estas condiciones, los españoles toman a las mujeres que les dan, no sin antes cumplir un requisito indispensable: ellas han de abrazar la fe cristiana primero. Para los totonacas, la renuncia a sus dioses resulta una condición con la que no están dispuestos a transigir de buen grado. Dentro de su visión del mundo, resulta descabellado romper con la fuente de la salud y de las buenas cosechas. Además, como bien señaló Las Casas, resultaba absurdo esperar que abandonaran sus antiguos y arraigados cultos sólo porque un recién llegado les dijese diez palabras.

Cortés, sin embargo, no es hombre que acepte una negativa fácilmente. Según el relato de Díaz del Castillo, está dispuesto a poner fin a los sacrificios cueste lo que cueste. Es la honra de Dios lo que aquí se ventila, y sin cuidar de ella un cristiano no puede esperar que nada salga a derecho. Vemos, pues, cómo el aventurero se transforma en cruzado. El que ordena a sus hombres que estén dispuestos para batirse si los indígenas insisten en defender a los ídolos que deben ser destruidos. El que intimida a los nativos amenazando con quitarles la vida.

¿Qué sucedió después? Según Díaz del Castillo, los totonacas, amedrentados, permitieron la destrucción muy a pesar suyo de sus ídolos, a los que habrían pedido perdón, explicándoles que ellos no tenían la culpa. Cortés, finalmente, habría conseguido apaciguar los ánimos. Pasado el desagradable incidente, los españoles van a mirarlos como a hermanos y les prestarán su ayuda para sacudirse el domino extranjero.

## Tlaxcala, del enfrentamiento a la alianza

A estas alturas, los españoles estaban deseando saber quién era el tal Moctezuma al que todos parecían temer tanto, y del que todos encarecen las enormes riquezas o los incontables hombres que puede movilizar para la guerra. No olvidemos que, desde el punto de vista de un indígena del México prehispánico, el emperador azteca es el amo de todo el mundo conocido. «El señorío que tenía era de toda la tierra que ellos sabían», le explicarán los tlaxcaltecas a Cortés.

La gran cuestión, por tanto, estriba en elegir el camino adecuado para llegar a la capital de tan importante soberano. Suerte que los dirigentes indígenas de Cempoala –los «principales», en la terminología ingenua de Díaz del Castillo– les aconsejaron la mejor ruta. Por un lado, les indicaron el camino a evitar, el de Cholula, donde se hallaban guarniciones enemigas. Por el otro, les recomendaron viajar a través de la provincia de Tlaxcala. Para facilitarles las cosas, pusieron a su disposición a cincuenta guerreros y a doscientos porteadores o tamemes.

La ruta escogida parecía, en principio, acertada, pero los tlaxcaltecas tomaron a los recién llegados por enviados de los aztecas, con quienes estaban enemistados a muerte. Les reprochaban una política hostil que les impedía salir de la pobreza. Debían conformarse con tejidos pobres, ya que en sus tierras, por el clima, no producían algodón y debían sortear muchas dificultades para proveerse de sal. Un cronista español, para explicar su precariedad económica, dirá que no poseían otra riqueza que el centli, su pan, el producto que daba nombre a la propia Tlaxcala o casa de pan. La escasez, en resumidas cuentas, era el precio que debían pagar por mantener su independencia. Y lo pagaban muy gustosos.

El motivo de la confusión es claro. ¿Acaso los españoles no se presentaban acompañados de los totonacas? Estos, hasta hacía muy poco, rendían vasallaje a los aztecas, por lo que *ipso facto* se convertían en enemigos de Tlaxcala, donde aún no se habían enterado del considerable vuelco que se había producido en las alianzas.

La reacción tlaxcalteca fue la expresión de una diplomacia refinada, en la que se evaluaban con maquiavelismo los costes y los beneficios. El primer impulso dictaba ir a la guerra, atacar con furia a los españoles. Es un camino que al principio parece exitoso, ya que están a punto de destruirlos. Los hombres blancos se hallan en apabullante inferioridad numérica, pero, con todo, logran resistir. Tienen muchos heridos, pero pocos muertos. Su mejor organización y un armamento más desarrollado terminan por imponerse, sólo que, finalizado el combate, el agotamiento les impide perseguir a sus enemigos.

Ante el fracaso de la fuerza bruta, los tlaxcaltecas apuestan por la astucia. Como guerreros honorables, envían a los españoles un cargamento de manjares, con aves, tortillas y fruta, a fin de que estos puedan recuperarse y la lucha tenga lugar en igualdad de condiciones. En realidad, este gesto es una coartada para enviar agentes al campamento contrario. ¿Su objetivo? Obtener información de uso militar, acerca de las armas, los caballos, la artillería. Han de averiguar, sobre todo, los puntos más adecuados para el ataque. ¿Tal vez las chozas, que por ser de paja, arderán de inmediato? Al principio, parece que únicamente están asombrados por la tecnología española, pero su disimulo es demasiado forzado. Sobreactúan. Eso hace que Cortés, advertido por los de Cempoala, desconfíe. Tras un interrogatorio, decide dar un escarmiento ejemplar. «Grandísimo pavor tomaron los indios de ver cortadas las manos de sus espías», anota López de Gómara. Acaban de recibir un mensaje inequívoco: ese es el destino que les espera a los que intenten imitar a los pobres informadores.

El biógrafo Richard Lee Marks no cree que fuera tan drástico. Con una mutilación tan implacable, las víctimas, al morir desangradas, no habrían regresado con los suyos y se habría perdido el impacto psicológico del castigo. Sin embargo, el mismo Cortés, al escribir a Carlos V, afirma que hizo cortar las manos de cincuenta personas, a las que después envió con los tlaxcaltecas para que estos supieran con quién trataban. Díaz del Castillo, sin embargo, rebaja la cifra a diecisiete y especifica que en unos casos perdieron las manos y en otros los pulgares.

La victoria de los españoles acentúa las disensiones entre los partidarios de la guerra y los de la paz, que finalmente acaban por imponerse. Previsores, los tlaxcaltecas han ido al combate sin cerrar totalmente las puertas a la vía negociadora. Ahora, subsanado por fin el malentendido, ya no hace falta luchar.

Desde un punto de vista político, la alianza con los tlaxcaltecas supuso un acierto magistral: aquellas eran gentes receptivas a cualquier proyecto para combatir a sus odiados opresores. Su capital impresiona a los españoles y Cortés la compara con Granada en la época en que fue tomada a los musulmanes. ¿Significa este detalle que entendía sus campañas como una prolongación en el Nuevo Mundo de la recién finalizada Reconquista? Tal vez sí, o quizá era una de tantas comparaciones con ciudades españolas. Más tarde dirá, por ejemplo, que Tenochtitlán era tan grande «como Sevilla y Córdoba», o asegurará que una de sus plazas dobla en extensión a toda Salamanca.

Una vez más, el de Medellín se presentará como el enviado de un poderoso y lejano emperador, llegado para exigir al gran Moctezuma «que no sacrifique ni mate ningunos indios, ni robe sus vasallos...». Para

Encuentro de Cortés con los tlaxcaltecas

acentuar el contraste entre aztecas y españoles, ordena a los suyos que respeten las propiedades de los tlaxcaltecas, limitándose a tomar lo que sus anfitriones buenamente quieran darles. Es consciente de no hallarse entre gentes primitivas, sino en medio de una civilización avanzada a la que no puede dejar de admirar: «Entre ellos hay de toda manera de buen orden y policía y es gente de toda razón y concierto».

Los tlaxcaltecas, como habían hecho antes los totonacas, les entregarán a sus hijas para que las tomen por esposas. Ante un gesto para ellos insólito, los españoles no saben bien a qué atenerse. López de Gómara, en su imprescindible *Historia de la conquista de México,* comienza con la interpretación más favorable a la vanidad de los españoles: los indios, al comprobar que ellos son bravos guerreros, desean la mezcla de sangres «porque naciesen hombres esforzados de tan valientes varones». Sin embargo, a continuación, el cronista hace una conjetura que revela a las claras que no sabe realmente de lo que está hablando: «o quizá se las daban por ser su costumbre o por complacerlos».

Ahora, gracias a sus nuevos amigos, su contingente se ha incrementado en cinco o seis mil hombres. Una cifra apreciable por la cantidad pero sobre todo por la calidad. No en vano, los tlaxcaltecas tienen fama por su bravura en el combate, como nos dice Gómara: «my guerreros, que no tienen par».

## ¿Hacia la boca del lobo?

La marcha hacia Tenochtitlán, la capital azteca, despertaba en algunos españoles el ansia de riquezas. Eran aquellos que lo tenían todo por ganar. En cambio, a los que habían dejado en Cuba casas e indios, les asustaba meterse en la boca del lobo. No había que esforzarse mucho para advertir que se internaban en zonas muy pobladas, llenas de guerreros, con un contingente no escaso, sino escasísimo. No hacía falta ser muy sagaz para darse cuenta de que por cada español había miles de potenciales oponentes dispuestos a dar la vida por su soberano, en un país que conocían perfectamente porque para eso era el suyo. Los españoles, en cambio, se hallaban en una tierra ajena, «no sabida ni entendida», como escribe el cronista Cervantes de Salazar. Cierto que hasta ese momento siempre habían vencido, pero no convenía tentar a la suerte. El propio Cortés, al dirigirse a Carlos V, reconoce la angustia que todos en su expedición compartían: «Certifico a Vuestra Majestad que no había tal de nosotros que no tuviese mucho temor por nos ver tan dentro en la tierra y entre tanta y tal gente, y tan sin esperanza de socorro de ninguna parte».

Si sucedía algún desastre, no podía decir que los tlaxcaltecas no se lo habían avisado. Si se empeñaba en continuar hasta la capital mexica, allí encontraría la muerte. Las advertencias, sin embargo, no bastaron para enfriar su determinación.

Algunos pensaban ya que si su jefe se había vuelto loco, ellos no tenían que cargar con las consecuencias. Con este convencimiento, un grupo de siete hombres se decidió a exigir el abandono de lo que parecía un descenso al corazón de las tinieblas. Cortés, buen psicólogo, evitó responder a su altanería en el mismo tono. Lo que hizo, por el contrario, fue apelar a su vanidad, afirmando que en ninguna otra parte había «otros españoles más fuertes» ni que hubieran peleado con tanto ánimo. Aunque, en realidad, el mérito no estaba tanto en su valor sino en Dios, que se había dignado a sostenerlos. Sin embargo, después de este discurso providencialista, baja a la tierra con argumentos de *realpolitik*. ¿Volver? De ninguna manera. Puesto que habían prometido a los totonacas que les apoyarían contra los aztecas, ahora no podían desdecirse sin correr el peligro de que sus aliados se convirtieran en enemigos. Por otra parte, una retirada les quitaría toda credibilidad ante un Moctezuma que, envalentonado, no dudaría en atacarlos. La conclusión, para nuestro hombre, estaba clara. Entre lo malo y lo peor, lo malo. Dadas las circunstancias, no había marcha atrás posible. Típico hidalgo castellano, creía que valía más una muerte gloriosa que la deshonra. El descontento, sin embargo, estaba muy localizado. La mayoría se pronunció a favor de seguir adelante y todos, de buen o mal grado, obedecieron las órdenes.

Moctezuma, mientras tanto, los aguardaba expectante. Su fama de grandes guerreros les precedía. ¿Cómo era posible que, siendo tan pocos, vencieran a enemigos mucho más numerosos? En Cholula, por donde acabaron pasando pese a las advertencias de los tlaxcaltecas, habían cometido una gran matanza. Por capricho, según Bartolomé de las Casas. En defensa propia, sostiene Díaz del Castillo, quien critica al primero por decir que la carnicería se llevó a cabo «sin causa ninguna, sino por nuestro pasatiempo». Desde su óptica, se trataba de una respuesta preventiva a una conspiración contra los hispanos.

De lo que no hay duda es de la amplitud del castigo. Los españoles, tras cinco horas de combate, «quedaron tintos en sangre», según la gráfica expresión de López de Gómara. Pero, según este último cronista, tan feroz episodio acabó con un resultado feliz, en términos políticos: Cortés consiguió reconciliar a cholultecas y tlaxcaltecas, con lo que hizo posible un respaldo más amplio a sus intereses.

Inquieto, el soberano azteca envió mensajeros. El extremeño no se fiaba de él y no tardó en acusarlo de haber ordenado a los de Cholula que los exterminaran, consciente de que, si algo salía mal, Moctezuma siempre podía alegar desconocimiento. Como preveía el español, eso fue lo que sucedió. Los aztecas lamentaron lo ocurrido y dijeron que ellos nada tenían que ver. La ferocidad de la matanza seguramente los convenció de que debían hacer todo lo posible para evitar que los extranjeros prosiguieran su marcha hacia Tenochtitlán. Para persuadirlos de que dieran media vuelta se utilizaron todas las excusas imaginables, desde lo inapropiado de los caminos a la falta de alimentos. Cortés le respondió que no se preocupara por eso, porque estaban habituados a pasarse con poco.

El español no entendía, o no quería entender, el mensaje conciliador de Moctezuma, que hacía un gesto de buena voluntad hacia ellos con la esperanza de ver cumplido su deseo. De todas formas, el comportamiento del monarca dista mucho de estar aclarado. ¿Por qué no se decidió a usar la fuerza cuando parecía estar en situación de ventaja? Tal vez porque los forasteros le fascinaban y angustiaban a un tiempo. Por eso mismo envió a sus emisarios para recabar todo tipo de datos acerca de ellos. Para consignar sus mensajes, tales espías utilizaban dibujos, esquemas muy abocetados reunidos en páginas de cuero o maguey.

Como los pretextos no resultaban convincentes, Moctezuma ofreció riquezas a los guerreros blancos con la esperanza de que se marcharan. Este gesto se suele interpretar, con mucha frecuencia, como el recurso ineficaz de un monarca timorato, incapaz de darse cuenta de que así sólo conseguía excitar la curiosidad de los extranjeros. Pero... ¿y si detrás de su actitud no hubiera cobardía sino cálculo político? Tal vez el monarca no intentaba otra cosa que comprar a los españoles, con vistas a evitar una hecatombe. Sabía, por sus informantes, que aquellos hombres, pese a su reducido número, habían vencido en repetidas ocasiones a enemigos poderosos, ya fuera en Tabasco, Tlaxcala o Cholula. ¿Quién le aseguraba que él no iba a ser el siguiente? ¿Qué podía hacer para que se detuvieran?

Para Cervantes de Salazar, lo que intentó Moctezuma no fue otra cosa que un descarado soborno: «Determinó con dádivas, que con todos los hombres pueden mucho, detenerlo y vencerlo, sabiendo que era aficionado al otro y que lo tomaba de buena gana». Su plan, sin embargo, no resultó. Cuanto más le insistía a Cortés en que no avanzara, este más ansioso se mostraba por seguir adelante, fascinado por la irresistible atracción de lo prohibido.

Desde este punto de vista, tenemos a un emperador lo bastante pragmático para elegir el mal menor: la humillación antes que el desastre. Sabe que la victoria está fuera de su alcance y opta por el único camino posible, contemporizar. Sin embargo, no todos los historiadores comparten esta imagen. ¿Moctezuma miedoso? Para Richard Lee Marks era demasiado poderoso como para dignarse a comprar a unos cuantos extranjeros. Todorov, por su parte, sitúa su reticencia al encuentro con los españoles en el marco de la tradición cultural de su pueblo. Un monarca, por definición, no debía mostrarse en público de no existir una necesidad en extremo urgente.

Si esta versión se ajusta a los hechos, tenemos a un hombre en la cumbre de su poder al que no le importa dejar pasar a los españoles, convencido de que no le costará controlarlos «y almorzárselos una mañana, si lo enojasen».

# 4

# Cortés en el país de las maravillas

Por fin, el 8 de noviembre de 1519, los españoles entraron a Tenochtitlán, una majestuosa ciudad situada sobre una isla, a más de dos mil doscientos metros de altitud, y con una población que debía de rondar los doscientos mil habitantes. Para hacernos una idea de lo que significa esta cifra, pensemos que Londres, en la misma época, contaba con apenas sesenta mil.

Moctezuma, transportado sobre una litera bajo un deslumbrante palanquín, iba vestido con sus mejores galas: plumas verdes, adornos de oro y turquesas... Lucía la más importante de sus insignias, el *xiuhuitzolli*, la diadema que simbolizaba la realeza, de forma triangular. Todo en él reflejaba la pompa y el lujo de una corte fastuosa, donde los astronómicos gastos suntuarios sólo podían financiarse con una política de conquistas. Precisamente por ese esplendor, pudo recibir a sus huéspedes con mucho más que su exquisita cortesía. Sus vasallos proporcionaron a los extranjeros cualquier cosa que necesitaron, desde lechos floridos a pavos, huevos, tortillas, agua o alimentos para los caballos. Esas demandas, según refiere Hugh Thomas, «no causaron ni resentimiento ni problemas, pues había suficientes reservas».

Cortés intentó abrazar al emperador, pero los señores que lo acompañaban impidieron que llegara a tocarlo, cosa lógica tratándose de un monarca absoluto al que sus súbditos no podían mirar a la cara. De ahí que estos se sorprendan al ver que los españoles hablan con su caudillo sin bajar la mirada, hecho que critican por desvergonzado.

La expectación era mutua: si los aztecas contemplaban con curiosidad a unos hombres que vestían acero y marchaban sobre caballos, animales nunca vistos, los recién llegados se quedaron boquiabiertos ante una ciudad que desafiaba las más locas expectativas, hasta el punto de hacerles dudar si soñaban o no. Tal vez ello tenga que ver, aunque sólo en cierta medida, con el hecho de que muchos fueran provincianos que no estaban acostumbrados a una gran urbe. Cervantes de Salazar recoge su asombro ante las multitudes que los rodeaban: «Los nuestros estaban abobados de ver tanta gente, cuanta jamás no solamente no habían visto, pero ni imaginado».

La gran plaza del Tlatelolco, por ejemplo, les suscitó admiración por sus multitudes y su mercado perfectamente organizado, en el que se practicaba el trueque a gran escala. Se fijaron en las frutas incontables, muy diferentes a las de España, pero también en los animales, las pieles o el algodón. Llamaba la atención, por otra parte, la gran limpieza de los espacios públicos, fueran canales o calles, gracias a un auténtico ejército de barrenderos.

Plaza del Templo Mayor

No es extraño que Cortés, al relatar a su emperador las maravillas que había visto, no encontrara palabras suficientes. Temía que Carlos V tomara por fabulaciones las realidades inauditas que le contaba, algo lógico puesto que ni él mismo, testigo presencial, las asimilaba del todo: «Más como pudiere diré algunas cosas de las que vi, que, aunque mal dichas, bien sé que serán de tanta admiración que no se podrán creer, porque los que acá con nuestros propios ojos las vemos no las podemos con el entendimiento comprehender». El conquistador, casi en estado de *shock,* sólo acierta a balbucear palabras que por fuerza se quedarán cortas: «No podré yo decir de cien partes una de las que dellas se podrían decir». De hecho, su descripción del bullicio de la capital azteca rezuma genuino asombro. Todo respira orden, grandeza y vitalidad, sea en las calles, los mercados o los templos, a los que llama «mezquitas». Aunque, por otra parte, entre sus alabanzas se desliza un cierto racismo. No acaba de explicarse cómo es posible que semejante prodigio se halle en manos de un príncipe, Moctezuma, que a fin de cuentas no es otra cosa que un salvaje: «¿Qué más grandeza puede ser que un señor bárbaro como este tuviese contrahechas de oro y plata y piedras y plumas, todas las cosas que debajo del cielo hay en su señorío […]?». A su juicio, ningún platero, fuera del país que fuera, iba a conseguir superar tales maravillas.

No fue el único, por supuesto, en sentirse estupefacto. Algunos soldados, que habían estado en Roma, confesaron que ni siquiera la Ciudad Eterna resultaba comparable. Por desgracia, junto a tan indudable esplendor, no faltaba un detalle siniestro. En la escalinata del Templo Mayor yacían los cuerpos, con la sangre aún fresca, de los que ese mismo día habían sido sacrificados.

Aunque su primera impresión fue el deslumbramiento absoluto, los recién llegados percibieron enseguida los aspectos negativos de la ciudad. Saltaba a la vista una tremenda desigualdad entre las residencias de los gobernantes, amplias y de buenos materiales, con las casas que habitaba el común de las gentes, pequeñas y sin puertas ni ventanas. Pese a sus reducidas dimensiones, lo normal era que estuvieran habitadas por mucha gente, hasta por diez personas. Podemos imaginar, por tanto, que la mayoría de los mexicanos viviría en condiciones de hacinamiento.

Importa constatar la admiración de los españoles, pero más aún constatar que su curiosidad los lleva a hacerse una idea de cómo está organizada la sociedad azteca. Quién manda, hasta dónde llegan sus dominios, qué fuentes de riqueza hay…

Moctezuma fue todo simpatía y cordialidad. Por fin podía ver por sí mismo a unos seres de los que se contaban aterradoras historias. Echaban fuego y mataban a mucha gente. Ahora tenía ante sí la evidencia de que no eran criaturas sobrenaturales, como se rumoreaba, sino criaturas de carne y hueso. Ya que no había conseguido detenerlos, ahora tenía que confiar en sus dotes políticas para conjurar la amenaza. Sabía de su alianza con los tlaxcaltecas, sus enemigos. Se trataba, pues, de sembrar la desconfianza entre ellos. Por eso le dijo a Cortés que no creyera las exageraciones que le presentaban viviendo en palacios completamente de plata y oro. Era un gran rey, sí, pero no hasta ese extremo. Por tanto, si él no creía las tonterías acerca de unos españoles que echaban relámpagos, estos tampoco debían dar crédito a los infundios sobre los aztecas. El español, como era de esperar, le siguió la corriente.

## GRAN GOLPE DE MANO

El primer contacto había sido fructífero, pero los recién llegados no acababan de sentirse cómodos. Sabían que se habían metido en la boca del lobo: en cualquier momento, los aztecas podían cambiar de opinión y destruirlos con facilidad. Sólo tenían que privarlos de agua y comida, o izar uno de los puentes levadizos, con lo que sería imposible salir de Tenochtitlán. En esas circunstancias, con tan pocos hombres, apenas trescientos castellanos y algunos miles de indios aliados de fidelidad dudosa, sería inviable resistir a los miles de guerreros aztecas. Dispuestos a masacrarlos a la menor oportunidad, a juzgar por las advertencias de los tlaxcaltecas. Preocupados por todo ello, varios capitanes y soldados, entre los que se encontraba Bernal Díaz del Castillo, fueron a hablar con Hernán Cortés. ¿Qué iban a hacer si las cosas se ponían feas? La cruda realidad les mostraba que se hallaban aislados y sin posibilidad de recibir refuerzos. Algunos comenzaron a utilizar una metáfora muy expresiva de su inquietud: se hallaban dentro de una «tela de araña».

Díaz del Castillo resalta el elemento colectivo en la actuación española. Son los hombres de Cortés los que van a hablar con su jefe, a reclamarle qué es lo que piensa hacer. López de Gómara, en cambio, acentúa el protagonismo de Cortés, al que presenta como el líder previsor que sabrá sacar a sus compañeros de la trampa mortal. Antes de entrar en Tenochtitlán, ya tenía pensada la solución al peligro.

El remedio no era otro que hacer prisionero a Moctezuma, en las narices mismas de su propia gente. Fuentes aztecas, mucho después de los hechos, señalan que el prendimiento tuvo lugar el mismo día del recibimiento. Los españoles, en cambio, apuntan que pasaron varios días antes de la drástica decisión.

Fuera quien fuera el padre de la idea, lo importante es cómo interpretar una acción de apariencia tan temeraria. Se acostumbra a suponer que fue el recurso audaz de unos hombres que a nada temían, único medio con el que podían hacerse fuertes. El historiador Matthew Restall, sin embargo, considera que la captura de un líder indígena formaba parte de los protocolos de actuación españoles, antes y después de la conquista de México. El caso más famoso fue el de Francisco Pizarro al prender al emperador inca, Atahualpa. Para muchos especialistas, no hay duda de que imitaba a Cortés. Restall, en cambio, asegura que se limitaba a seguir el procedimiento habitual en situaciones similares. Lo original no era el *modus operandi* como tal, sino el hecho de aplicarlo a una escala mucho mayor, en imperios poderosos protegidos por inmensos ejércitos. Hacer prisioneros a sus monarcas implicaba un coraje, por la desproporción numérica, que no se requería en otros casos.

Con Moctezuma en sus manos, Cortés conseguiría así un escudo humano con el que frenar posibles ataques. El golpe de mano era peligrosísimo, pero, a juicio de un Pedro de Alvarado o de un Gonzalo de Sandoval, no

Moctezuma

tanto como permanecer en la inactividad, dando oportunidad a los indios para volverse en su contra. Antes de que ellos atacaran, había que tomar la iniciativa.

Cortés se hallaba ahora en situación de fuerza, pero no renunció a la seducción. Le quitó los grilletes al emperador, le habló con sus palabras más diplomáticas y hasta le prometió que le daría más tierras de las que entonces poseía. Es un actor consumado, un tanto histriónico, puesto que lleva su interpretación tan lejos que se le saltan las lágrimas. Todo vale para engatusar al cautivo, incluso encendidas palabras de afecto que está muy lejos de sentir. Bernal Díaz del Castillo consigna sus excesos retóricos: «No en balde, señor Moctezuma, os quiero como a mí mismo».

Naturalmente, la víctima no se hacía ilusiones. No es fácil saber qué pasaba en esos momentos por su cabeza: sin duda debió de sentirse vejado y hundido. De ser el amo de un imperio pasaba a estar custodiado, noche y día, por una guardia de treinta hombres a las órdenes de Alvarado. Al principio, se rebeló contra la situación e intentó escapar, al menos una vez, arrojándose desde una azotea para que los suyos lo recogieran. Cervantes de Salazar refiere que un español, próximo a él, frustró su plan.

Sin embargo, al menos en apariencia, continuaba siendo el rey. Incluso los castellanos le presentaban respetos como si nada hubiera ocurrido, con típicas demostraciones de protocolo como el gesto de descubrirse la cabeza en presencia suya. Un marinero y un ballestero que no lo trataron con las debidas formalidades acabaron castigados por su falta. Al parecer, un hombre con su talante y su educación terminó por seducir a los españoles, tal como nos dice Elisenda Vila: «Moctezuma's intelligence, affable character and good manners captivated the Spanish soldiers», [La inteligencia de Moctezuma, su carácter afable y sus buenas maneras cautivaron a los soldados españoles].

La realidad virtual pareció imponerse. Moctezuma lo mismo daba grandes banquetes que practicaba la caza o se citaba con sus mujeres, si no es que se distraía con malabaristas y bufones. Era un prisionero, sí, pero no le faltaba autoridad. Aún podía ordenar sacrificios humanos mientras los españoles miraban para otro lado, ante su impotencia para prohibirlos. Astutamente, Cortés intenta transmitir una sensación de normalidad, de que nada había cambiado. Los aztecas no debían percibir quiénes movían los hilos detrás de su señor.

Naturalmente, los mexicas no se dejaron engañar. Día y noche conspiraban para liberar a su soberano y sublevarse contra los ocupantes. Pero, según los indicios disponibles, el emperador se sentía cada vez más cómodo con sus captores. Hacía lo posible por llegar a un entendimiento con los mismos y evitar que su pueblo se lanzara a una rebelión abierta, no porque fuera un colaboracionista sino por impedir la destrucción de su ciudad. Puesto que el enemigo disfrutaba de una incontestable superioridad militar, probada ante enemigos tan duros como los tlaxcaltecas, no le veía sentido a lanzarse a un combate que no podía ganar. Tal vez, es difícil saberlo, se basó en un cálculo de costes y beneficios. Los españoles no era inmortales, ciertamente, pero por cada uno de ellos que moría caían decenas de aztecas.

A partir de entonces parece entregado totalmente a sus huéspedes, como si su personalidad se hubiera diluido. Algo tanto más sorprendente si tenemos en cuenta que no hablamos de un hombre apocado. Al contrario. Antes de la llegada de Cortés, había demostrado ser un monarca de fuerte carácter. ¿Qué le sucedía? Tal vez las apariencias nos ofrezcan una parte de la verdad, pero no toda.

¿Sufría, tal vez, síndrome de Estocolmo? No es descartable que fuera así, en cierta medida, ya que los recién llegados lo trataban como a un igual, no como a un dios en la tierra. Quizá, por primera vez, tuvo algo parecido a un amigo, algo vedado por definición a un monarca de su clase. Sin embargo, sería una exageración desmesurada imaginar, como ya entonces hicieron algunos de sus vasallos, que carecía por completo de voluntad propia. El hecho de que en alguna ocasión supiera decir «no» a sus carceleros demuestra que no le faltaba espíritu. En algunos momentos, al intentar negociar con ellos, hace gala de una elevada dosis de pragmatismo. Para convencerlos, por ejemplo, de que respeten a sus dioses, ofrece ponerlos a un lado de los altares de los templos, mientras en el otro se hallarán las imágenes españolas. La propuesta reflejaba sentido del compromiso, pero resultaba imposible de digerir para unos castellanos educados en el carácter único de su divinidad.

Hay que ir más allá de la superficie para advertir que el soberano azteca ensayaba una doble política hacia los europeos. De aparente cordialidad en la forma, pero de oposición solapada en el fondo. No olvidemos que, en la costa, había hecho matar a varios de aquellos extraños hombres barbudos. Su aparente servilismo fue, quizá, tan sólo un camino sutil para enfrentarse a un enemigo al que no podía provocar abiertamente.

Por desgracia para él, su pasividad acabó por restarle cuantiosos partidarios. Muchos se preguntaban por qué no se rebelaba de una vez ante unas gentes de las que sólo habían recibido perjuicios. A uno de sus sobrinos, Cacamatzin, su actitud le resultaba simplemente inconcebible. ¿Acaso los españoles eran unos hechiceros que le habían arrebatado «su gran corazón y fuerza»? ¿Tal vez aquellas gentes se beneficiaban del poder de sus dioses? Desde la lógica de un movimiento de liberación, Moctezuma debió de ver en su pariente a un aliado capaz de restituirle la liberad. No fue así. Lo consideró un rival peligroso, alguien que ambicionaba sentarse en su trono. Irritado con su actitud rebelde, no dudó en entregarlo a Cortés.

Tal vez no todos comprendieran su comportamiento, pero seguía siendo el soberano de los aztecas.

Aunque estuviera preso, la gran mayoría de sus vasallos aún le prestaba obediencia, haciendo oídos sordos si alguien llamaba a la insumisión.

El conquistador extremeño, mientras tanto, disfruta charlando con el emperador. Juntos se distraen practicando el totoloque, un juego que despertaba auténticas pasiones en todos los estratos de la sociedad, entusiasmo que se traducía en la proliferación de apuestas. Consistía en lanzar y agarrar el objeto así denominado. El de Moctezuma, al ser de oro, despertó seguramente el interés codicioso de los españoles. Estos hacían trampas, ya que Pedro de Alvarado anotaba a Cortés más tantos de los que le correspondían. El soberano azteca se daba perfecta cuenta del engaño, pero no se sentía ofendido. Cada vez que ganaba, entregaba las ganancias a los soldados de su oponente, quien hacía lo propio con la gente del entorno del monarca.

## ESPAÑOLES CONTRA ESPAÑOLES

Halagado por el trato deferente, Moctezuma se permite filosofar sobre cómo debe gobernarse un pueblo como el suyo. Con una filosofía simple, la mano dura. Por otra parte, en una demostración de buena voluntad, ofrece a una de sus hijas al comandante español para que la tome en matrimonio. Nuestro protagonista declina la oferta con la mayor educación, explicando que ya está casado y que su religión sólo le permite una esposa. Debió de ser la primera vez en mucho tiempo que hablaba de Catalina.

Ella permanecía en Cuba, sin duda en una situación incómoda, ya que el gobernador había ordenado confiscar sus propiedades. Sin embargo, Velázquez nada más hizo en su contra. Pero su actitud cambió cuando se enteró de que Cortés había hallado grandes riquezas y pretendía enviarlas directamente a Carlos V. Ello significaba que su antiguo protegido le puenteaba con el mayor descaro. Ofendido por tanto atrevimiento, envió a Pánfilo de Narváez para que arrestara al rebelde y lo hiciera ejecutar. Narváez, según el padre Las Casas, era un hombre «honrado, cuerdo, pero no muy prudente». No le faltaba valor a la hora de pelear, pero le perdía un grave defecto, su carácter extremadamente descuidado. Como veremos, su tendencia al exceso de confianza le jugará una mala pasada en esta ocasión.

Cuando estaba a punto de partir para México, se presentó en Cuba un juez de Santo Domingo, Lucas Vázquez de Ayllón. Había llegado para impedir, aunque fuera *in extremis,* una expedición tan disparatada. Si los españoles se enfrentaban entre sí, no sólo iba a correr la sangre. México, un territorio ya pacificado y en manos del rey, se perdería. Como nadie escuchó sus razones, Vázquez de Ayllón se marchó con Narváez, con la esperanza de limitar los daños si se hallaba sobre el terreno. Pero Narváez mandó prenderlo y lo envío a Cuba, en un barco del que consiguió fugarse. Cuando llegó a Santo Domingo, lo primero que hizo fue denunciar el obstruccionismo de Velázquez a la autoridad real. El gobernador de Cuba quedó así rebajado a la categoría de rebelde.

Por el camino, Narváez conseguirá atraerse al «cacique gordo» de Cempoala. Ante los indios, juega a presentarse como el libertador que los arrancará del dominio del extremeño. Una vez que lo haya eliminado, se marchará y los nativos podrán disfrutar nuevamente de sus tierras. Los totonacas, por lo que sabemos, le brindaron su ayuda. Seguramente, el hecho de que se presentara con una fuerza militar superior a la de su rival debió de inclinar su ánimo decisivamente.

En Tenochtitlán, mientras tanto, Cortés ha de tomar una decisión. La alternativa que se le presenta resulta poco agradable, elegir entre lo malo y lo peor. Si deja que sus enemigos lleguen hasta la ciudad, ya puede darla por perdida. En cambio, si sale a su encuentro, los aztecas van a rebelarse con toda seguridad. La actitud de Moctezuma no hace presagiar nada bueno, al insistir en que los españoles se vayan si no quieren acabar muertos. Si ellos no se marchan, teme que los dioses, airados, envíen epidemias y destruyan las cosechas.

En su crónica, Cervantes de Salazar resalta la «mudanza» del emperador. El mismo que antes se mostraba amigo de los españoles, ahora intenta sacárselos de encima. ¿Por qué este cambio? Seguramente, debió de darse cuenta del descontento de sus súbditos ante su política contemporizadora. Los ánimos estaban cada día más enconados. Si no variaba de rumbo, se exponía a provocar un golpe de Estado de los partidarios de la confrontación abierta, que en ese caso escogerían a un monarca belicoso, decidido a plantar cara a aquellos extranjeros desagradables, apenas unos pocos, pero amos de todo.

Además, estaba perfectamente informado de la llegada de Narváez. En lugar de contar lo que sabía a sus carceleros, contradijo su imagen servil y entró en tratos secretos con el nuevo comandante español, quien insistió, como había hecho ante los totonacas, en asegurar que sólo pretendía castigar a un hombre malo, Hernán Cortés. El soberano azteca, con la esperanza de solucionar por fin todos sus problemas, dio orden de que se proveyera a Narváez de todo lo necesario.

Decidido a luchar, Cortés deja en Tenochtitlán una guarnición al mando de Pedro de Alvarado, apenas ochenta hombres, muchos de ellos enfermos, con unos pocos caballos. No son el contingente más temible del mundo y, por si eso fuera poco, están muy lejos de ofrecer una lealtad a toda prueba. Sus instrucciones se reducen a un solo punto: evitar que Moctezuma se escape y entre en contacto con Narváez. Teme que los aztecas aprovechen la división de los españoles, así que finge que Narváez es su aliado, no el enemigo que viene a por su cabeza. ¿Le creyó Moctezuma? Seguramente no, por más que Cervantes de Salazar lo presente como un hombre cándido, a veces en grado sumo.

Aunque hay gente que lo tacha de traidor, esta acusación no le asusta. Cortés se considera mucho mejor servidor de Su Majestad que Velázquez y así lo proclama a los cuatro vientos. ¿Acaso Narváez es portador de algún mandato del Rey que lo obligue a obedecerlo? Lejos de amilanarse, tiene las ideas muy claras. Después de apoderarse de un imperio a base de esfuerzos ímprobos, no está dispuesto a entregarlo sin luchar al primero que llegue. Para conservar lo ganado, sabe que necesita estar seguro de la gente, saber en quién puede confiar. Por ello se dirige a sus hombres y compra su lealtad con el reparto de oro y la promesa de nuevas riquezas, «grandes dádivas de oro». Con los de su enemigo hará exactamente igual: se pone en contacto con ellos y, bajo cuerda, los atrae a su campo con incentivos materiales.

Debe hacer frente a una inferioridad numérica casi aplastante: los contrarios lo superan en proporción de cuatro a uno. Suerte que, para compensar este *handicap,* cuenta con una ventaja apreciable, la experiencia de sus soldados, curtidos en numerosos combates. Los de Narváez no podrán competir con ellos, una tropa de élite, porque no están preparados, ni conocen una tierra que acaban de pisar por primera vez, en la que no tienen aliados locales. Tampoco guardan a su jefe la misma fidelidad. Por todo ello, el de Medellín sabe que debe darse prisa y atacarlos por sorpresa. No tardarán en venirse abajo. Seguro del éxito, arenga a su hueste: «Así que, señores, pues nuestra vida y honra está después de Dios en nuestros esfuerzos y vigorosos brazos». No descuida, mientras tanto, ofrecer un incentivo poderoso, mil castellanos, al primero que ponga la mano sobre el jefe adversario.

Uno de sus capitanes más arrojados, Cristóbal de Olid, se encargará de acometer la artillería enemiga. Cuenta con el factor sorpresa a su favor. Los hombres de Narváez, incapaces de imaginar que una fuerza inferior en número se atreva a tomar la iniciativa, se arrepienten ahora de no escuchar las advertencias del «cacique gordo» de Cempoala: Cortés entraría en acción en el momento más inesperado. No le habían hecho caso y ahora pagaban las consecuencias, envueltos en el caos, sin apenas tiempo para reaccionar, mientras invocaban a la Virgen María. Sus oponentes hacían lo mismo, pero con el Espíritu Santo. Con su habitual socarronería, el escritor británico Cunninghame Graham dijo que así, unos y otros, «dejaron al Creador que emitiera el voto decisivo».

Nada más salir de su tienda, Narváez cae herido. Pierde un ojo. Hecho prisionero, le dice a Cortés que puede estar satisfecho de su victoria. Este, en lugar de corresponder al cumplido, lo humilla con una respuesta jactanciosa. Entre todas las cosas que ha hecho en la Nueva España, derrotarlo ha sido una de las menos importantes.

Había sido una victoria rápida y prácticamente limpia, con apenas dos muertos en su ejército. Su hábil empleo del soborno había tenido mucho que ver, pero es reduccionista atribuir el éxito al oro más que al acero. La operación, desde un punto de vista militar, estuvo preparada con pericia. Los hombres de Narváez se incorporan a sus filas, convencidos de que apuestan por caballo ganador. Como buenos soldados de fortuna, se van con quien les ofrece mejores oportunidades de enriquecimiento. Cortés no duda en

Captura de Narváez

atraérselos con toda clase de mercedes, hasta el punto de suscitar la envidia de sus propios soldados, que se sienten menospreciados. Él les responde que ninguno está obligado a seguirlo, si no es ese su deseo. «Las mujeres han parido y paren en Castilla soldados», afirma con soberbia. Puede que algunos descontentos le reprochen ser poco equitativo, pero no actúa por un impulso arbitrario. Puesto que los vencidos son mucho más numerosos, tiene que comprar su lealtad aunque sea a precio de oro, no sea que se les ocurra sublevarse. Es por eso que se apresura a exhibir su talante más conciliador y hace un llamamiento a dejar atrás viejas rivalidades.

## LA MATANZA DEL TEMPLO MAYOR

Mientras tanto, en Tenochtitlán, las cosas van de mal en peor. Suenan voces de exasperación, de revuelta. Las fuentes indígenas reflejan la indignación de los aztecas ante unos extranjeros que se comportaban como amos y señores, apoderándose de cualquier cosa que desearan. «Todo lo cogieron, de todo se adueñaron, todo lo arrebataron como suyo». En un principio, el miedo se había apoderado de ellos, hasta paralizarlos. Su angustia se expresó en una imagen llena de poesía y patetismo: temían enfrentarse al «peso de la noche». Ahora, por el contrario, comenzaban a sacudirse el temor. ¿Qué ha hecho posible este cambio?

Sin la sutileza de su jefe, Alvarado no conseguirá sino echar más leña al fuego. La tragedia va a desencadenarse durante las fiestas del mes de Tóxcatl (mayo), celebradas en honor de Tezcatlipoca, uno de sus principales dioses. Cada año se elegía a un joven de gran belleza, personificación de la deidad, que en adelante llevaba una vida de refinados placeres, hasta que era sacrificado. Los españoles autorizaron la ceremonia, pero dejaron bien claro que no iban a permitir ninguna muerte.

La situación pronto comenzó a envenenarse. Los tlaxcaltecas atemorizaban a los castellanos, recordándoles algo que conocían bien por experiencia. En ocasiones pasadas, muchos de los suyos habían muerto en aquellas fiestas, convertidos en ofrenda religiosa.

Si los españoles ya desconfiaban, su recelo se agravó cuando sus anfitriones, sin razón aparente, dejaron de proporcionarles alimentos. Lo interpretaron como una medida de presión y temieron que estuviera en marcha alguna conspiración en su contra. Más tarde, varios de ellos aseguraron haber escuchado a los indios decir que se preparaban para devorarlos. El nerviosismo cundía y

Pedro de Alvarado

eso no facilitaba el análisis frío. Alvarado, para averiguar qué tramaban los aztecas, hizo torturar a varios nativos. Entre ellos, a dos parientes de Moctezuma. Pero la fiabilidad de las confesiones resultaba más que dudosa. Los prisioneros contestaban a todo «sí, señor».

Pero la realidad, a veces, resulta menos importante que la percepción de la misma. Tuvieran o no razones objetivas para temer un complot, los hombres de Alvarado se presentaron en el Templo Mayor en mitad de una danza ritual y bloquearon las salidas. Siguió una carnicería apocalíptica sobre una multitud indefensa, desprovista de armas, a merced de guerreros furibundos que acuchillaban y alanceaban a diestro y siniestro. Los testimonios indígenas reflejan lo sucedido en términos impactantes: «A algunos les acometieron por detrás; inmediatamente cayeron por tierra dispersas sus entrañas. A otros les desgarraron la cabeza».

Entre los historiadores se ha discutido largamente si los aztecas tramaron o no un plan de exterminio. Para Hugh Thomas, carecemos de pruebas contundentes que avalen su existencia. Los defensores de Alvarado, en cambio, consideran que este hizo bien al atajar expeditivamente un peligro real, a partir de la vieja filosofía del ataque preventivo: quien da primero, da dos veces.

Hacer un juicio moral resulta en extremo complicado. Cierto que algunos españoles criticaron la matanza por injustificada, pero en la época no era extraño que se produjeran este tipo de reacciones, de acuerdo con el principio maquiavélico de que el bien del propio grupo lo justifica todo. Una situación análoga se había dado pocos años antes en la ciudad italiana de Brescia, cuando los franceses, que controlaban la ciudad, supieron de un complot para reintegrarla al dominio veneciano. Antes de que los conjurados tuvieran tiempo de actuar, procedieron a llevar a cabo una oleada de arrestos y ejecuciones.

Matanza del Templo Mayor

Si el objetivo de Alvarado era intimidar a la población de Tenochtitlán, no hay duda de que la matanza resultó contraproducente. En lugar de alejar el peligro, lo único que había conseguido era verse sitiado por una masa llena de rabia, harta de la presencia de las tropas de Cortés y de sus viejos enemigos, los tlaxcaltecas, humillada por las ofensas a sus dioses, deseosa de liberar a su emperador y de recuperar las riquezas expoliadas. La carnicería del Templo Mayor había sido la gota que colmaba el vaso de su paciencia.

Sin embargo, por lo que parece, Moctezuma, se muestra reacio a unirse a la resistencia. Más bien procura lo contrario, apaciguar los ánimos. Por eso mismo, algunos españoles se referirán a él con desprecio, atribuyéndole un escaso valor. ¿Por qué no aprovechaba las circunstancias para recuperar la libertad? López de Gómara, en su crónica, habla, expresivamente, de su «poquedad». A su juicio, el emperador debió de ser un hombre «sin corazón y de poco ser». En realidad, lo que este pretendía era evitar que sus súbditos se lanzaran a un combate inútil: «Pues no somos competentes para igualarlos, que no luchen los mexicanos». Sin embargo, su actitud poco heroica lo desacreditó por completo ante su pueblo, con lo que perdió cualquier resto de autoridad que le pudiera quedar.

## LA NOCHE TRISTE

Consciente de que los hombres que ha dejado atrás necesitan refuerzos, Cortés regresa a Tenochtitlán a toda prisa, al mando de unos mil trescientos soldados, temiéndose que pueda haber sucedido lo peor. Imagina a los suyos muertos, a los aztecas preparándole una emboscada. Cuando llega por fin, el júbilo de sus compañeros es indescriptible. Su comentario, en uno de sus informes a Carlos V, refleja expresivamente el grado de desesperación en que había caído la guarnición de la capital: «Nos recibieron con tanta alegría como si nuevamente les diéramos las vidas, que ya ellos estimaban perdidas».

Se acostumbra a decir que la masacre de Tlatelolco le irritó tanto que cubrió de insultos al impulsivo Alvarado. Tal vez, pero lo cierto es que conocía de sobra el carácter turbulento de su capitán, por lo que tendía a exculpar sus faltas y evitar enfrentamientos innecesarios. No podía permitirse el lujo de enajenar a uno de sus guerreros más valiosos, tal como nos dice un cronista: «Disimuló por no enojar a los que lo hicieron; que estaba en tiempo que los había menester». Sin embargo, ese mismo autor, López de Gómara, describe una escena en la que Cortés no siente el menor pesar por lo ocurrido. Todo lo contrario: exhibe una altanería que va a resultar catastrófica. Alvarado le sugiere que finja disgusto y aparente que va a castigarlo. De esta manera, conseguirá tranquilizar a Moctezuma y a los suyos. Pero, al parecer, su jefe desestimó la idea, enojado. ¿Para qué tomarse tal molestia con unas gentes no mucho mejores que las bestias? Un indio, al escuchar sus comentarios despectivos, no tardó en divulgarlos entre su gente, con lo que suscitó, lógicamente, una reacción airada e incontrolable.

Desconocemos las fuentes que utiliza Gómara para este episodio. Cuando reproduce las palabras de nuestro protagonista, afirma basarse en informaciones orales que no especifica: «Dijo, a lo que dicen, que eran unos perros». Si se halla en lo cierto, Cortés sería tan culpable como Alvarado de que la situación de los españoles se volviera insostenible. De hecho, Cervantes de Salazar también apunta hacia las consecuencias desastrosas de su falta de tacto. Había dirigido su ira contra Moctezuma, al que reprochaba no haber detenido la rebelión antiespañola, por más que este se desvinculara del comportamiento de sus vasallos. Tan enfadado estaba que se permitió el lujo de desairar al monarca, negándose a efectuar una visita de cortesía. Seguramente, se dejó llevar por el resentimiento. Sabía que el azteca había intentado entenderse con Narváez a sus espaldas.

Si un miedo lo domina, es que Moctezuma pueda quedar libre, ya que eso dejaría a los españoles en una situación de absoluta debilidad, rodeados por todas partes de fuerzas hostiles. La actuación de Alvarado seguramente le disgustó, pero no tenía tiempo para perder en investigaciones y reproches. Ahora, lo más urgente era obligar a los aztecas a reabrir el mercado de Tlatelolco, por aprovisionar a sus tropas y por dar buena imagen ante los hombres de Narváez que se habían incorporado a su ejército. Les había prometido riquezas y una ciudad pacificada, justo lo contrario de lo que habían encontrado. Su credibilidad, por ello, era precaria: caminaba sobre la cuerda floja y en cualquier momento todo podía acabar de venirse abajo.

El alzamiento azteca adquiere tal intensidad que a los españoles sólo les queda una opción, huir de la ciudad. Para facilitar las cosas, Moctezuma se dirigiría a su pueblo para pedirles que cesaran los combates, ya que los extranjeros sólo deseaban irse. El emperador, sin embargo, se negó esta vez a colaborar, porque estaba profundamente decepcionado con las «falsas palabras» de Cortés, pero también porque sabía que un gesto suyo no iba a servir de nada. Su gente había elegido a un nuevo emperador y estaba dispuesta a matar a los hombres blancos.

Moctezuma acabó muerto, seguramente apedreado por los suyos. Se ha especulado sobre si los españoles pudieron asesinarlo, pero esta hipótesis no resulta verosímil. Necesitaban a un rehén tan formidable, su principal baza para hacerse respetar, y lo utilizaban para que apaciguara al pueblo. En sus manos –escribe Cunninghame Graham con su estilo vivaz y colorista–, el monarca era «una carta de triunfo». Aunque los aztecas eligieran a un nuevo líder, con él vivo siempre se podría sembrar la discordia. Tal vez por ello, los hombres de Cortés lloraron su desaparición como si fuera la de un padre. Habían perdido a un protector. Uno de ellos, Bernal Díaz del Castillo, lo retrataría con sincero respeto en su crónica.

Pero no les quedaba tiempo para lamentaciones. Estaban rodeados por un enemigo decidido a luchar hasta el fin, consciente de su enorme ventaja: «Somos más, vosotros tenéis sed y hambre». Cortés no quería retirarse, por no perder sus riquezas y por no aceptar la humillación de la derrota, pero finalmente tuvo que abrir los ojos a la realidad. La fuga tendría lugar la noche del 30 de junio de 1520, pero, para despistar a sus enemigos, propagó el rumor de que iba a marcharse

Noche Triste

ocho días después. Si no escapaban en ese momento, sólo les esperaba el desastre. Un soldado de apellido Botello, con fama de astrólogo, profetizó que todos perecerían si aguardaban más tiempo. Al parecer, lo que no acertó a prever fue que él mismo caería en medio del combate.

Emprenden la marcha en silencio total, bajo la lluvia. Entre los que huyen se encuentran, también, varios aristócratas indios, incluidos un hijo y dos hijas de Moctezuma, a modo de rehenes. Cortés está seguro de que en el futuro le pueden ser de mucha ayuda, al ser los herederos legítimos del difunto emperador. Su existencia, por sí misma, tiende a introducir un factor de división entre los aztecas.

Al principio no hubo problemas, pero, tras pasar varios puentes, una mujer los descubrió y dio la voz de alarma: «¡Se van a escondidas!». En poco tiempo, una muchedumbre se congregó para perseguir a los fugitivos.

Durante esta retirada catastrófica, la llamada «Noche Triste», las perdidas son abrumadoras. Bajo una lluvia de piedras, caen casi novecientos hombres, contando a los que mueren en combate y a los que son sacrificados más tarde por el enemigo. Entre ellos, muchos encuentran el fin por intentar escapar sobrecargados de oro y plata. Su peso les resta rapidez o les impide cruzar a nado los canales. Cortés, sin duda, se arrepintió de haber repartido prematuramente las riquezas, al ver cómo sus hombres se preocupaban más por salvar su parte del botín que de pelear unidos. En su *Historia verdadera,* Díaz del Castillo se refiere a ellos con cierta condescendencia, censurando la ceguera que los llevó a la perdición: «Yo digo que no tuve codicia sino procurar de salvar la vida». Su crítica se explica porque, entre los muertos, la mayoría procedía de las filas de Narváez. Se trataba, por tanto, de gente inexperta y sin la voluntad a toda prueba de vencer en cualquier circunstancia.

Es fácil criticar a toro pasado. En realidad, aquellos soldados no hacían más que lo que hubiera hecho cualquiera de sus colegas en Europa: salir con todas las joyas que pudieran cargar o transportar. Eso era lo normal después del saqueo de cualquier ciudad. Sólo que en Tenochtitlán no se trataba de un ejército victorioso sino en retirada, en medio de la oscuridad y el caos.

Apenas un tercio consiguió salvarse, de puro milagro y dejando atrás la pólvora y la artillería. Entre los aliados tlaxcaltecas, mientras tanto, las pérdidas se elevaron al millar de efectivos. El desastre hubiera sido aún peor si los aztecas, en lugar de entretenerse robando a los muertos, hubieran atacado con decisión para aprovechar la vulnerabilidad de sus enemigos.

# El secuestro de Moctezuma

Antes de hacer prisionero a Moctezuma, Cortés le culpó de un ataque que habían sufrido los suyos en la costa. El emperador aseguró que no sabía nada y que pensaba castigar a los culpables. El español aprovechó entonces para exigirle que lo acompañara a unas habitaciones, advirtiéndolo de que sus hombres lo ejecutarían allí mismo si se negaba. El azteca intentó resistirse. «No es persona la mía para estar presa», afirmó. Se inició entonces una discusión, que se prolongaría más de cuatro horas. Para evitar la humillación de verse cautivo, Moctezuma ofreció como rehenes a uno de sus hijos y a dos hijas, pero chocó con la determinación inflexible del caudillo extremeño. En cierto momento, preguntó a la Malinche qué había dicho uno de los capitanes castellanos, que se estaba poniendo nervioso y quería cortar por lo sano. La intérprete aprovechó para convencerlo de que más le valía obedecer si deseaba seguir con vida. Su aceptación final de los hechos, según Hugh Thomas, «se debió a la combinación del temor y la fascinación que le inspiraba Cortés». Así, aseguró a sus consejeros que se iba con los hombres blancos por voluntad propia, siguiendo el consejo del dios Huitzilopochtli. Sin embargo, no podía engañar a nadie. Saltaba a la vista que se hallaba vigilado día y noche.

# 5

# La Cenicienta del Nuevo Mundo

La historia de la conquista de México no hubiera sido la misma sin la traductora de Hernán Cortés, la única mujer con un papel central en la misma. Tan importante que Cervantes de Salazar aseguraba que merecía una «notable mención». Lo que tenemos, por desgracia, son datos escasos, confusos y a menudo contradictorios. El mito, sea en forma de apología o de difamación, ha ocupado las más de las veces el lugar del relato riguroso.

Después de bautizada, se convirtió en Marina. Sin embargo, ha pasado a la historia con el apodo de la Malinche, aunque, en realidad, era a Cortés a quien los aztecas llamaban así, porque siempre estaba en su compañía. El apodo significaba que era el hombre de Marina. Y lo cierto es que no fue el único en recibir este nuevo apellido. Otro castellano, un tal Juan Pérez de Artiaga, que se dedicó a aprender la lengua indígena, se transformó por la misma razón en Juan Pérez Malinche.

Malinche, la Malinche, Tenépatl, Malinalli, Malitzin, Marina... Si algo le sobra, son nombres. ¿Se inspiró el cristiano en el de nacimiento o fue al revés? Cabe también la posibilidad, indica Cristina González, de que la llamaran Marina por una simple casualidad, tal vez por iniciativa de alguno de los testigos en su bautismo.

De todas formas, su famoso apelativo no aparece en la documentación más antigua. Hay que esperar a que uno de los cronistas de Indias, Alonso de Zorita, la llame «Malinche». Sin el artículo.

Por más que intentemos investigar, el misterio la envuelve desde el principio. A falta de un retrato fiable, ¿qué podemos decir de su aspecto físico? No le debía faltar atractivo, a juzgar por el único comentario que tenemos sobre sus rasgos. En su *Historia verdadera...,* Bernal Díaz del Castillo dice que era «moza y de buen parecer». Pero no sobresalía tanto por la belleza como por su carácter desenvuelto, muy apropiado para el liderazgo. Entre los indios ejercía una autoridad poco menos que indiscutida. Sin duda, le gustaba mandar. A decir de Díaz del Castillo, fue «una excelente mujer» que se distinguía por una fuerte personalidad. «Tenía mucho ser», en palabras del cronista, quien la elogia rendidamente por su fortaleza. Los españoles podían lamentarse, temerosos de que sus enemigos los mataran a todos y se comieran sus carnes con ají. A ella, en cambio, nadie la pillaba en un momento de flaqueza. Algo que provocaba sorpresa, ya que los arquetipos femeninos de la época incidían en características como la sumisión y la debilidad. De ahí que, para enaltecerla, se pondere su ánimo «tan varonil». Dicho de otra manera: su comportamiento quedaba muy por encima del que se esperaba en una persona de su sexo. «Muy mayor esfuerzo que de mujer», anota Díaz del Castillo, con sincera admiración.

## NACER ENTRE LA REALIDAD Y EL MITO

Al parecer, la Malinche era la hija de una familia poderosa. Así lo da a entender el sufijo «tcin» utilizado detrás de su nombre, Malintzin. Esta terminación, en lengua náhuatl, equivalía a un tratamiento de respeto equivalente al «don» castellano. De ahí también que el propio emperador, Moctezuma, fuera conocido como Moteczumacín.

Pero las versiones sobre su origen se multiplican con detalles contradictorios. Sus padres, en opinión de Díaz del Castillo, fueron «grandes caciques» que gobernaban el pueblo de Painala, del que dependían otras localidades. Y disponían de «vasallos», término feudal con el que los españoles procuraban explicar la relación de poder que encontraban en el Nuevo Mundo. López de Gómara, en cambio, sitúa a doña Marina en Viluta. Nos dice que era «hija de ricos padres», emparentados con el gobernante de aquella zona.

Varios historiadores coinciden en que vino al mundo, seguramente, bajo el signo *malinalli,* considerado el más nefasto. Según las creencias aztecas, no había forma de que pudiera sustraerse por completo a su destino infortunado. Huérfana de padre a los pocos años, vio cómo su madre se casaba con otro cacique. Según el relato de Díaz del Castillo, aquí radicó el origen de su desgracia, porque de este nuevo enlace nació un hijo varón que le arrebataría sus derechos al cacicazgo. Para que no diera problemas a su hermano, la pareja gobernante decidió hacer ver que había muerto y entregarla, clandestinamente, a unos indios de Xicalango. De sus manos pasaría a las de unas gentes de Tabasco que, a su vez, la ofrecieron a Hernán Cortés.

¿Un problema de herencia? Se trata de un punto inverosímil por completo. Difícilmente Marina podría ser rival para ningún varón: por su condición de mujer, carecía de cualquier derecho en este sentido. Eso por no hablar de que la sucesión se efectuaba por rama colateral: correspondía a los hermanos, no a los hijos. De todas formas, sigamos con la leyenda.

No fue hasta pasados muchos años que se reencontró con su madre y su medio hermano, a los que encontró temerosos y sin saber a qué atenerse. Ahora que se hallaba en una situación de poder, ¿intentaría matarlos para tomar venganza? Ella, sin embargo, se mostró conciliadora, los tranquilizó y les aseguró que los perdonaba. Es más, les regaló joyas de oro y vestidos.

¿Fue así como sucedieron las cosas? Tal vez sí. O quizá el cronista se dejó llevar por el influjo de célebres leyendas de la Antigüedad clásica, acerca de infantes que perdían su verdadera identidad, por un famoso relato bíblico. De hecho, Díaz del Castillo reconoce explícitamente el paralelismo entre lo que cuenta y la historia de José y sus hermanos, que se halla en el Antiguo Testamento. Tampoco es descartable que se inspirara en el *Amadís de Gaula,* la novela de caballerías tan popular en su tiempo. Amadís, como la Malinche, procede de una familia de alta alcurnia, pero su madre también le abandona y ha de crecer en un entorno extraño, desprovisto de sus derechos de nacimiento.

López de Gómara, por su parte, se limita a decir que la joven Marina fue raptada por unos mercaderes, en el trascurso de una guerra, y vendida como esclava. Las exigencias de la leyenda quieren que nuestra protagonista, procedente de un alto linaje, fuera un presente valioso para Hernán Cortés. Pero la verdad, seguramente, debió de ser prosaica. Marina se hallaba en un grupo de indias repartidas entre los españoles para que cocinaran sus tortillas, no en calidad de exóticos objetos de deseo.

Acabó adjudicada a un importante capitán, Alonso Hernández de Portocarrero, primo del conde de Medellín y famoso por sus conquistas sexuales. Según Ricardo Herren, inspiraba a Cortés una especial debilidad. Sin embargo, no tardó en partir hacia España. Fue entonces cuando pareció repetirse la historia bíblica del rey David, quien alejó al esposo de la hermosa Betsabé para poseerla sin obstáculos. Hacer este paralelismo resulta, desde luego, tentador, pero no tenemos ninguna prueba de que el extremeño actuara movido por la lujuria. De hecho, no tenía necesidad. Uno de sus biógrafos, Lee Marks, señala que ni siquiera sus enemigos pretendieron jamás que se deshiciera de Portocarrero porque codiciara a doña Marina. El asunto se explica de una manera más fácil y menos truculenta: debía enviar un emisario a la Corte de Carlos V y escogió al que por linaje mejor podía representarlo.

## EL DON DE LENGUAS

¿Fue la de Cortés y la Malinche esa gran historia de amor sobre la que tantos han querido fantasear? Los pareceres, una vez más, son opuestos. La mayoría de estudiosos no dudaría en responder afirmativamente, pero Miralles no vio indicios de que ella dejara en él una profunda huella, más bien lo contrario. Curiosamente, apenas la menciona en sus escritos y ni tan siquiera por su nombre, ya que la convierte en «una india». Aunque este hecho, en realidad, plantea serias dificultades de interpretación. El extremeño acostumbra a referirse a personas que le son cercanas con gran parquedad de palabras, desde un curioso distanciamiento emocional. Así, fray Bartolomé de Olmedo, uno de sus principales ayudantes, se convierte en «el padre de la Merced» o simplemente en «el clérigo».

125

Imagen idealizada

Hay que admitir que nos movemos por conjeturas. Para Bennassar, la economía expresiva del extremeño hacia su traductora se explicaría por egoísmo: «Probablemente, Cortés quería adjudicarse todo el mérito de la habilidad política que demostró en sus relaciones con los pueblos indios».

Lo único seguro es que desconocemos los sentimientos que doña Marina inspiraba al conquistador. Al principio, entre ellos no existió nada parecido al romanticismo. Más bien todo lo contrario, a juzgar por la mezcla de promesas y amenazas que él emplea. Le dice que, si hace bien su trabajo de intérprete, la recompensa va a ser muy generosa. Le dará la libertad, la casará y le hará «grandes mercedes». Ahora bien: si la coge en alguna mentira, no dudará en hacerla ahorcar.

Sí sabemos, en cambio, que ella le guardó una lealtad a toda prueba. Y no parece que fuera por miedo, sino por una convicción genuina. Los aztecas la tentaron para que desvirtuara el sentido de sus traducciones, bien con amenazas, bien con promesas. Sin embargo, nunca tomó esa posibilidad ni siquiera en consideración. Es más, cada vez que intentaban sobornarla o coaccionarla, su reacción era dar parte a Hernán Cortés y sus capitanes. Sirvió con tanta fidelidad que Cervantes de Salazar dijo que no hubiera podido hacerlo mejor «aunque fuera española e hija del General».

En la conquista de México, su habilidad idiomática se revelará decisiva junto a la de Jerónimo de Aguilar. Natural de Écija (Sevilla), Aguilar sufrió un naufragio y acabó viviendo entre indígenas, que lo utilizaron simplemente en faenas de peón: recogía leña y transportaba agua. Sus amos demostraron con ello una considerable miopía, como notó el historiador Juan Miralles. Utilizaban al español para faenas mecánicas en lugar de interrogarlo exhaustivamente, con lo que hubieran adquirido una información preciosa.

Para los españoles, confrontados a gentes desconocidas que hablaban lenguas que ellos ignoraban, el problema de la comunicación suponía uno de los más difíciles de resolver. En las crónicas de la época encontramos múltiples testimonios de las enormes dificultades que surgían en el entendimiento con la población nativa, ya que no existía seguridad de que los mensajes se comprendieran con exactitud. Las cosas se complicaban porque los indios no hablaban uno sino múltiples idiomas. Cervantes de Salazar, con su típica inquina hacia todo lo indio, aprovecha esta diversidad para asimilarla con la bíblica torre de Babel: «Bien paresce, como la experiencia nos enseña y la Divina Escriptura manifiesta, por el pecado de la soberbia, hasta estas partes haberse derramado la confusión de lenguas, porque las que hay en la Nueva España con mucho trabajo se podrían contar, tan diferentes las unas de las otras, que cada una paresce ser de reino extraño y muy apartado».

El México prehispánico, sin embargo, contaba con un instrumento con el que hacer posible la comunicación. Se trababa del náhuatl, una lengua franca que equivalía al latín de la vieja Europa. Pero, curiosamente, los aztecas no se habían preocupado de valorar la existencia de esta formidable herramienta. Se producirá entonces una paradoja, apuntada por Tzvetan Todorov. Los que convierten el náhuatl en el idioma nacional indígena no son los nativos sino los españoles.

Ante una situación sin precedentes, los conquistadores no tuvieron más remedio que improvisar sobre la marcha. Así, al principio, cuando aún no tenían intérpretes o «lenguas», como les llama Díaz del Castillo, el lenguaje gestual sustituía a las palabras. Veamos un ejemplo, tomado de la crónica de Cervantes de Salazar: los castellanos encontraron a varios de sus compatriotas, entre los que se hallaba Jerónimo de Aguilar, viviendo entre los indígenas. Estos intentaron explicar a los recién llegados la presencia de unos individuos con su misma apariencia: «Los indios de Cozumel dieron a entender por señas, diciendo que eran unos hombres como los nuestros, y tocándose sus barbas, daban a entender que las de que aquellos eran largas y crescidas».

Pero esta situación no podía prolongarse indefinidamente: había que encontrar un intérprete. Su búsqueda, según Matthew Restall, sería uno de los diversos procedimientos estandarizados de todo conquistador. Cristóbal Colón, por ejemplo, había enseñado el castellano a varios nativos para que le sirvieran de guías. Más tarde, Hernández de Córdoba intentó convertir en traductores a dos indígenas a los que llamó Melchor y Julián. El resultado fue un desastre: Julián, muy reticente, murió al poco tiempo, y Melchor escapó en cuanto tuvo oportunidad.

Será tras la conquista cuando religiosos franciscanos y dominicos se apliquen en estudiar los idiomas indios. En esos momentos, con Jerónimo y Marina, los españoles no tenían más salida que implementar un procedimiento de traducción, muy precario, como

La civilización maya

vamos a ver, pero que a fin de cuentas solucionó muchos problemas. Marina traducía del náhuatl al maya. Al conocer esta última lengua, Jerónimo podía explicar a Cortés de qué se estaba hablando.

El sistema, en la práctica, no era tan fácil. Los dos traductores sabían defenderse en lengua maya, pero, por desgracia, no se expresaban en el mismo dialecto. Entre el maya chontal de Marina y el maya de Yucatán de Aguilar existían tantas diferencias que el entendimiento se volvía problemático. «Las dificultades pueden equipararse a las de un español tratando de comunicarse con un italiano o un portugués», afirma Miralles. Con gran sentido común, este historiador explica cómo las conversaciones debieron girar alrededor de temas muy básicos.

En ocasiones, como sucedió en Cempoala, había que contar con un tercer traductor. Él se ponía en contacto con Marina para pasar del totonaco al náhuatl. No es descabellado suponer que, con tantos interme-diarios, cualquier entrevista acabaría convirtiéndose en una versión *avant la lettre* del teléfono roto, el célebre juego infantil.

Hay quien ha querido relativizar la importancia de la Malinche presentándola como una simple traductora. Aunque se hubiera limitado a traducir, que no es el caso, esta función la colocaba en un lugar privilegiado. De ella dependía el éxito o el fracaso, es decir, la diferencia entre la vida y la muerte. En la crónica de Cervantes de Salazar aparece un episodio que revela la importancia decisiva de la intérprete: en un momento en el que Cortés no sabe qué camino tomar, echa mano de la «lengua» para interrogar a unos indios, a los que toma como guías. Sin una persona que tradujera lo que decían esos indios, los españoles no hubieran tenido más remedio que continuar la marcha a ciegas. Por suerte para ellos, disponían de esa persona, que se distinguirá no sólo por ser de toda confianza, también por la extrema eficacia de su trabajo.

Aguilar, en cambio, parece haber sido un personaje anodino, que por alguna razón acabó gravemente enemistado con Hernán Cortés. No en vano, declara en su contra cuando se le hace el juicio de residencia. De manera mezquina, intenta entonces acaparar todo el protagonismo. Frente a este carácter oscuro, Marina, decidida y carismática, se convertiría en el auténtico centro de atención. Tanto fue así que en determinadas crónicas indígenas sólo aparece ella.

## Una asesora insustituible

La condición de intérprete permitió a la Malinche un vertiginoso ascenso social. Pasó de ser esclava a colaboradora imprescindible de los españoles. Ahora se la trababa con respeto. Disfrutaba de obsequios valiosos, desde hermosos collares hasta el espejo que le permitió contemplar por primera vez su rostro. Sin duda, sus nuevos amos tenían razones más que sobradas para mimarla. Cervantes de Salazar admite que los españoles se esforzaron en cuidarla porque ello iba a favor de sus propios intereses: «Esta india se aficionó en tanta manera a los nuestros, o por el buen tratamiento que le hacían, *visto cuanto convenía regalarla*, o porque ella de su natural inclinación los amaba». (El subrayado es nuestro).

Sus conocimientos sobre la realidad local se revelaron insustituibles. En un principio, Cortés no parecía distinguir entre unos indios y otros, pero enseguida le llaman la atención ciertos detalles. Observa, por ejemplo, que los totonacas no hablan con los mexicas. Sorprendido, le pregunta enseguida a su intérprete. Ella le explica, según el relato de Cervantes de Salazar, las diferencias en lengua y costumbres. De esta manera, el caudillo extremeño puede hacerse una adecuada composición de lugar. No fue, ni mucho menos, la única ocasión en que la Malinche le clarificó el mundo desconocido que se abría ante sus ojos. Gracias a su mediación se hizo con todo tipo de valiosas informaciones, ya se tratara del número de hombres del enemigo o de conocer su entramado político. Así, en Tlaxcala, supo que la región se dividía en cuatro señoríos diferentes. Y que los tlaxcaltecas no se ponían de acuerdo sobre si hacer la guerra o buscar un acuerdo con los recién llegados.

Más tarde, en Tenochtitlán, la traductora deviene nuevamente la herramienta fundamental con la que recopilar información de inteligencia. Sobre la defensa de la ciudad, sin ir más lejos. Su papel tuvo, en realidad, un alcance muy superior. Según Miralles, su cometido equivalía al de un jefe de Estado Mayor, ya que, sin ella, el comandante en jefe hispano no hubiera podido coordinarse con sus aliados indígenas. ¿Quién, si no, iba a transmitir las órdenes del extremeño a los jefes nativos?

Disponer de la Malinche equivale a disponer de una asesora intercultural. Importante por su saber pero también por su considerable talento diplomático. Su mediación resulta indispensable en los diversos episodios de la conquista como, por ejemplo, a la hora de explicar a los tlaxcaltecas que los españoles llegaban a sus tierras con intenciones amistosas, que sólo una confusión había provocado el combate. Cuando finalmente ambas partes establecen una alianza, los tlaxcaltecas, como gesto de buena voluntad, ofrecerán a modo de presente trescientas esclavas. Los españoles están a punto de rechazarlas, pero la Malinche les convence oportunamente de que no se les ocurra hacer algo así, ya que infligirían una seria ofensa a sus anfitriones. El conquistador extremeño toma buena nota del consejo y evita, gracias al eficaz asesoramiento, un incidente que hubiera obstaculizado gravemente sus planes.

Más tarde, la presencia de Marina se revelará igualmente crucial entre los grandes prohombres aztecas, Moctezuma incluido, desconcertados ante el hecho de que sea una simple mujer la que se dirige a ellos. No era algo fácil de asimilar. Menos aún que la desconocida tuviera el atrevimiento de contradecirlos, como hizo ante el señor de Texcoco, sobrino del emperador azteca. Cuando este intentó convencer a los españoles de que no prosiguieran su marcha hacia Tenochtitlán, la antigua esclava le paró los pies con un seco «Habrá viaje».

Más tarde, cuando los españoles prendieron a Moctezuma, ella hizo gala de una indiscutible psicología. Mientras los ánimos se calentaban, mantuvo la cabeza serena y aconsejó al emperador que se marchara con los hombres de Cortés, que supuestamente iban a prodigarle grandes honores. Si no seguía el consejo, su propia vida peligraba.

No hay que olvidar, por otra parte, que su concurso resultó vital para las tareas de evangelización, por lo que se ha hablado de ella como la primera catequista de México. Antes, sin embargo, alguien tuvo que adoctrinarla a ella. De eso se ocupó fray Bartolomé Olmedo, quien puso especial empeño. Marina debía conocer perfectamente las verdades religiosas para transmitirlas sin errores, es decir, sin herejías. No se trataba de una cuestión menor: era la salvación de las almas lo que estaba en juego. Ahora bien, nuestra protagonista debió de ser una catequista muy *sui generis*. Por de pronto, tenía que encontrar palabras para explicar a los indígenas los conceptos de la religión católica, no siempre de fácil comprensión. ¿Un dios crucificado? La sola idea debía de resultar extravagante. No es difícil imaginar sus dificultades, las mismas que Carlos Fuentes, con su espléndida pluma, plasmó en *Todos los gatos son pardos,* recreación teatral de la conquista de México. Cuando Cortés le habla a Marina de la Virgen, madre de Jesucristo, ella se queda atónita: «¿Virgen? ¿Y tiene un hijo? No comprendo, señor. Lo que dices no es de acuerdo con la naturaleza».

Después, en la ceremonia del bautizo, nuestra heroína se aseguraba de que los nativos comprendiesen el nombre castellano que se les imponía.

## MUJER DE ARMAS TOMAR

En otros momentos, el factor decisivo no será el don de lenguas de la Malinche, ni su talento en las relaciones humanas, sino su fuerte personalidad, la que le impulsa a infundir valor a los suyos en los momentos de mayor peligro. A los españoles y también a los indios. Así, en Tlaxcala, cuando parece que los españoles van a ser derrotados, un noble de Cempoala, Teuch, está a punto de derrumbarse. Cree que todos van a morir. Es entonces cuando Marina, «con ánimo varonil», lo conforta.

Le pide que no tenga miedo sino fe en la victoria, «que el Dios destos cristianos es muy poderoso».

Su coraje, su sangre fría, su astucia… No le faltan cualidades para salir airosa de las situaciones más comprometidas. Como en Cholula, donde una anciana la alerta de una conspiración para matar a los españoles, supuestamente por orden de Moctezuma. La mujer, ingenuamente, le ofreció su casa para que se refugiara en ella y salvara así la vida. La debió de encontrar atractiva y pensó que ya tenía esposa para un hijo suyo, con quien ofreció casarla enseguida. Marina fingió hacerle caso y le puso una excusa para ganar tiempo: iría a por sus joyas y a por oro y esa misma noche la acompañaría. Hizo ver, incluso, que le complacía la propuesta de boda por tratarse de una «persona principal», es decir, de un buen partido. Ya en un clima de confianza, ambas mujeres se pusieron a hablar. Es el momento en que la traductora de Cortés aprovecha para sonsacar toda la información. ¿En qué consistirá la trampa? ¿Dónde se ha preparado? Se entera entonces de que la vieja lo sabe todo de primerísima fuente: su esposo, uno de los implicados, la había puesto sobre aviso.

Según el relato mil veces repetido, le faltó tiempo para ir a contar a los españoles lo que había averiguado. De esta forma, hizo posible su contundente respuesta, en forma de masacre indiscriminada. La historiografía nacionalista utilizaría este episodio para condenarla sin paliativos: ella era la culpable de tantas muertes. Sin embargo, algunos autores, como el mexicano Alfredo Chavero, han puesto en duda la veracidad de la escena de la anciana: «¿Qué interés podía tener esa vieja por una india que no era de su raza y venía con los enemigos para descubrirle así sus secretos?».

Podemos preguntarnos, además, cómo es que una mujer estaba al tanto de una operación que debía ser altamente confidencial. Si los cholultecas preparaban algo, no parece lógico que compartieran la información con todo el mundo. ¿Significa esto que el papel de doña Marina ha sido sobrevalorado y, como pretende Clavero, se redujo al de una intérprete? Ya hemos visto que este punto de vista pecaría de un reduccionismo extremo. De haber vivido en otro lugar y en otro tiempo, tal vez hubiera sido una agente de contraespionaje excepcionalmente eficaz. En más de una ocasión, sus preguntas inquisitivas obligaban a los enviados del enemigo a delatarse, tras caer en contradicciones. De esta manera, a los españoles les será posible adelantarse a los planes de ataque de sus contrarios.

Tener a la Malinche como interrogadora no debía de ser una experiencia agradable. Por los indicios disponibles, parece haber sido muy capaz de aplicar un tercer grado. Así, cuando se exige a Cuauhtémoc que diga dónde está el oro que los españoles perdieron en la Noche Triste, ella interviene y saca a relucir su lado más implacable. En palabras de Miralles, uno de sus mejores biógrafos, se muestra «dura, mandona».

## ¿LA MADRE DE LOS MEXICANOS?

Poco después de consumarse la victoria, en 1522, la Malinche dará un hijo a Cortés. Se llamará Martín, como su abuelo paterno. Será el primer mestizo de México, pero aquí, como en tantas otras ocasiones, conviene puntualizar y deshacer el mito que se ha creado en torno a su figura. No hay duda de que fue el producto de un mestizaje biológico, pero de ninguna manera cultural. Como muy bien nos recuerda Cristina González Hernández: «A muy corta edad el niño fue separado de la madre y pasó a educarse en el ámbito español».

Una bula papal lo legitimará siete años después. Su sangre india no impidió que el conquistador le prodigara todas las atenciones. En cierta ocasión, afirmó que no lo quería menos que al hijo del mismo nombre que le dio su segunda esposa, destinado a heredar su título de marqués y su amplio patrimonio. Hay quien piensa, incluso, que el vástago de la Malinche fue su preferido. En cualquier caso, lo cierto es que el muchacho creció en un entorno privilegiado y fue paje del futuro Felipe II.

La actitud de Cortés hacia el pequeño Martín se explica porque era su primer varón, no porque fuera hijo de la intérprete. Si de verdad hubiera sentido algo por ella, la habría hecho su esposa tras enviudar de Catalina Juárez, pero ni siquiera se planteó esa posibilidad. Priorizó, muy claramente, sus necesidades políticas. Una simple india, sin posición social ni económica, no era suficiente para apoyarlo en su lucha por el poder. Lo más seguro es que la desestimara en cuanto se cansó de su pasatiempo. Donjuán compulsivo, disponía de un auténtico harén para dar rienda suelta a sus necesidades fornicatorias.

¿Cómo debió de vivir la Malinche su abandono? Miralles supone que no vio nada anormal en el comportamiento de su amante. Al fin y al cabo, entre los indios de clase alta, la poligamia era una práctica habitual. Tal vez Miralles tenga razón, pero no parece lo mismo ser una de las esposas legítimas que una concubina, que pierde su estatus en cuanto la relación se acaba. Todo ello, sin embargo, no obsta para que la antigua esclava continúe al lado del conquistador como traductora. Seguramente no debió de sentir celos, porque los mismos, como explica Ricardo Herren, existen si hay amor. Y es más que dudoso que ella estuviera enamorada.

No es fácil discernir las claves del vínculo que los unía, sea por falta de fuentes o por la existencia de testimonios sospechosos. ¿Es cierto que Cortés hizo ahorcar a dos indios porque se habían acostado con su antigua amante? Así lo aseguraba el bachiller Alonso Pérez, en el juicio de residencia en el que se revisó la gestión del extremeño como gobernante de la Nueva España. El hecho, real o apócrifo, vino a confirmar los prejuicios de los autores nacionalistas sobre la sexualidad desordenada de Marina, una «mujer de costumbres ligeras», a juicio de Alfonso Toro.

## LOS ÚLTIMOS AÑOS

Después de la conquista, la figura de Malitzin se desvanece en la bruma. En 1526, aún la encontramos en la expedición de las Hibueras, dirigida contra el rebelde Cristóbal de Olid, que tendremos ocasión de ver en un próximo capítulo. Debió de incorporarse a la aventura forzada por Cortés, y no demasiado conforme, al menos en su fuero interno, ya que se veía obligada a separarse de su hijo. A diferencia de lo que había ocurrido frente a los aztecas, ahora ella es la única intérprete.

En mitad del viaje, sorpresivamente, contrae matrimonio con uno de los lugartenientes de Hernán Cortés, Juan Jaramillo, «conquistador y hombre que en la guerra sirvió valientemente», en palabras de Cervantes de Salazar. Este cronista, en otra ocasión, le define también como «uno de los valientes y esforzados del exército».

Desconocemos los antecedentes que condujeron a la boda. No hay duda de que se trata de un enlace de conveniencia, sin que el amor ocupe el menor espacio. Ella, al casarse con un hidalgo, veía reforzada su posición social. El conquistador extremeño no la amaba, pero sí lo vemos preocupado por asegurarle un bienestar económico. Le concedió dos encomiendas que, según ciertas versiones, le correspondían por su origen noble. Tal vez por ello, Jaramillo abandonó la soltería sin objeciones. De acuerdo con López de Gómara, estaba bebido en el momento de casarse. No obstante, tal vez no haya que tomarse este detalle al pie de la letra, porque, como sensatamente apunta Richard Lee Marks, cuesta creer que se celebrara una boda en esos términos poco respetuosos con el sacramento. En la expedición se hallaban dos franciscanos que seguramente no habrían tolerado la blasfemia. Por tanto, según Lee Marks, es más probable que Cortés, al relatar el episodio a Gómara, «adoptara un tono jocoso al decir que Jaramillo estaba ebrio».

El enlace no es un caso totalmente aislado. Se conocen con certeza poco más de cuarenta matrimonios entre conquistadores y mujeres procedentes de la aristocracia india. De todas formas, se trata de una cifra considerablemente inferior a la de matrimonios con españolas. Casi cuatrocientos, según datos recopilados por Bernard Grunberg en su diccionario sobre los conquistadores.

La pareja tendrá una niña, María, que contraerá matrimonio con un tal Luis de Quesada. En una carta fechada en 1552, Quesada reconoce la importancia decisiva de su suegra en la conquista de México: «Soy casado con doña María, hija y única y legítima de doña Marina, Yndia y Señora, la cual fue gran parte para que esta tierra se ganase».

Convertida en la señora de Jaramillo, Marina sobrevivió a la selva y al desastre, tras interminables marchas a pie por un medio salvaje, porque la verdad es que se desplazaba de un lugar a otro caminando, no a caballo, como pretende la iconografía del siglo xx. Su salud, sin embargo, debió de quedar resentida. Eso explicaría su pronta muerte, al cabo de un par de años, de la que ignoramos prácticamente todo. Miralles supone que el deceso debió de producirse fuera de Ciudad de México: si hubiera muerto en la ciudad, la hubieran enterrado en la iglesia de San Francisco, pero no hay rastro de que así fuera.

En 1547, su hija, María, dijo que su padre llevaba veinte años casado con su segunda esposa, Beatriz de

Andrade. Si admitimos que veinte es un redondeo, más que una cifra exacta, la fecha de su desaparición tuvo que ser, efectivamente, hacia 1528.

Pero la ausencia de detalles ha impulsado a más de un autor a desvelar pretendidos misterios a fuerza de fantasía. Surgen así hipótesis más o menos descabelladas, como la que hace de Cortés el asesino de Marina, supuestamente para evitar su testimonio comprometedor en el juicio de residencia al que se veía sometido. La intérprete habría muerto a manos de un sicario que la cosió a puñaladas. Trece, para ser exactos. La documentación que avala esta versión, más propia de un *thriller* que de un estudio histórico, brilla hasta la fecha por su ausencia.

Otra teoría apunta que pudo estar aún viva hacia 1538, a juzgar por un documento encontrado por Georges Baudot, a propósito de un pleito protagonizado por su esposo. Jaramillo aparece aquí caracterizado como un hombre «muy poderoso y criado del marqués, casado con una criada suya». La palabra «criado» no nos debe llamar a engaño porque, en la época, carecía del contenido despectivo que posee en la actualidad. ¡Hasta los grandes de España tenían a gala ser criados de sus reyes! A partir de este indicio, Baudot sugiere que la Malinche murió hacia 1551. Bennassar, en cambio, cree que esta fecha es demasiado tardía.

La posteridad, inevitablemente, la ha tratado con ambivalencia. No han faltado elogios: un autor decimonónico, Francisco Javier Clavijero, veía en ella a «la primera cristiana del imperio mexicano». No obstante, está claro que han predominado los comentarios despreciativos. En México, tras la independencia, se ha tendido a denigrarla, hasta convertirla en el arquetipo de la traidora, todo lo contrario que el último emperador, Cuauhtémoc, elevado a encarnación de la mexicanidad. De ahí que el político liberal José Fernando Ramírez la compare con

Cortés y la Malinche, por José Clemente Orozco.

un trágico personaje de la mitología griega: hija del rey de Cólquida, Medea vuelve la espalda a los suyos por amor a un extranjero, Jasón. Se hace así acreedora de la misma repulsa que la Malinche, por haber perjudicado a su patria para arrojarse en brazos de un aventurero.

La intérprete de Hernán Cortés se convierte así en el chivo expiatorio por excelencia. Culpabilizarla resulta muy fácil, porque así se evitan preguntas incómodas sobre las razones del triunfo español. ¿Cómo es posible que tan pocos se impusieran a tantos? Como señala Cristina González Hernández, la historiografía nacionalista decimonónica no estaba dispuesta a reconocer «que el imperio azteca se derrumbó por la debilidad estructural del Estado y que fueron los diferentes pueblos y etnias de los territorios mexicanos los que hicieron posible su caída».

A partir de estas coordenadas, se entiende sin problemas que en *La Noche Triste* (1876), una obra teatral de Ignacio Ramírez, doña Marina se haya transformado en una personificación del mal: Uno de los personajes pronuncia contra ella un veredicto aterrador: «Mil y mil generaciones/desfigurarán tu historia/y darán a tu memoria/horrorosas maldiciones».

No hay duda de que nos hallamos frente al personaje más odiado de la conquista, excepción hecha del mismo Cortés. Por eso, el término 'malinchismo' designa a todos los que traicionan su país. Malitzin deviene así un monstruo, compendio de todos los vicios, incluidos los sexuales, al no ser otra cosa que la meretriz del conquistador. Un chiste popular mexicano, recogido por Ricardo Herren, da cuenta con ironía hiriente de esta condición: Un profesor, en clase, pregunta por la ruta que tomó Hernán Cortés. «La Malinche», responde uno de sus alumnos. El maestro le reconviene enseguida por su error: «He dicho ruta, no puta».

«El pueblo mexicano no perdona su traición a la Malinche», escribió, lapidariamente, el nobel Octavio Paz. A fuerza de repetirlo, esta imagen de mujer perversa se ha interiorizado tanto que parece difícilmente refutable. Pero… ¿a quién traicionó realmente? A los aztecas no, puesto que no pertenecía a su pueblo y, por tanto, no les debía lealtad. Menos a México, una entidad que, como bien recuerda Miralles, aún no existía como entidad política. No obstante, nuestra protagonista sí ha cosechado elogios entre los autores mexicanos más afectos al legado español. Así, para José Vasconcelos, ella fue una mujer «de rara inteligencia» que se liberó de la esclavitud gracias a los españoles. Por eso «les fue de una utilidad y una fidelidad insuperables».

Desde la óptica de los defensores del mestizaje, la Malinche, por su unión con Hernán Cortés y el hijo que tuvieron en común, viene a ser la madre simbólica de todos los mexicanos. Sin embargo, se da la dolorosa contradicción de que esta madre encarna, al mismo tiempo, la traición a la patria.

Sea para enaltecerla o detestarla, nadie le ha negado un papel crucial dentro de la nacionalidad mexicana. Hugh Thomas escribió que su aportación a la conquista valía «diez cañones de bronce», una apreciación que se quedó muy corta a juicio de Bartolomé Bennassar. «¡Valía mucho más!», exclama el historiador galo. Y cita las palabras entusiastas de un testigo español, Gonzalo Rodríguez de Ocaño: «Después de Dios, ella había sido la causa de la conquista de la Nueva España».

## LA OTRA MALINCHE

Según contaba en el siglo XIX Carlos María de Bustamante, el virrey Francisco Xavier Venegas llamaba «Malinche» a una amante suya, que se introducía en las filas independentistas para descubrir sus planes. Así hizo fracasar un complot destinado a secuestrar al mandatario español. Para Bustamante, esta mujer era una «mala hembra» porque anteponía «lo que debía a su patria por lo que debía a su galán». Exactamente igual que doña Marina, en el siglo XVI, con Hernán Cortés.

# 6

## La victoria

Tras la Noche Triste, Cortés, por un momento, parece a punto de derrumbarse. Ha perdido muchos hombres, buenos amigos, infinitas riquezas. Ahora se encuentra en una situación incierta, sin saber con exactitud a dónde ir ni si los indios tlaxcaltecas lo apoyarán pese a la derrota. Han sido vencidos, sí, pero… ¿quién no lo fue alguna vez? Es en medio del desastre cuando se pone a prueba el temple de un líder. Su acostumbrada elocuencia lo ayuda, una vez más, a arrastrar a los suyos: «¿Qué capitán, de los famosos digo, se volvió a su casa porque perdiese una batalla o le echasen de algún lugar». El mismo conquistador se responde inmediatamente su pregunta retórica: «Ninguno». Si de verdad desean la victoria, no pueden permitirse el lujo de hundirse en el pesimismo. Ahora, más que nunca, tienen que seguir adelante. Él está a dispuesto a todo, a jugarse la hacienda y la vida por cualquiera de los que sirven bajo su mando, con los que ha pasado por muchas experiencias y a los que guarda, o dice guardar, una lealtad muy profunda: «Me obligan cosas que, si no soy ingrato, jamás las olvidaré».

La retirada tiene lugar en perfecto orden, pero en medio de un sufrimiento atroz. A falta de alimentos, han de comer lo primero que encuentren, aunque sean hierbas. El hambre acosa de tal manera que se da un caso de canibalismo, documentado por Cervantes de Salazar. Un español, desesperado, abre a un compañero fallecido. Cuando se entera, Cortés estalla y ordena que ahorquen al culpable, que seguramente no temía tanto la soga como la deshonra de verse morir de inanición. Por suerte para él, varias personas intercedieron en su favor y lograron salvarle. En otra ocasión, los españoles dan buena cuenta de un caballo muerto. Las palabras del cronista permiten aquilatar la alegría de aquellos hombres al borde de la muerte: «Cupo la cabeza a cinco o seis soldados, que no poca fiesta hicieron con ella».

Pronto el destino va a dar un giro inesperado. En Otumba, el 14 de julio de 1520, los aztecas esperan cortar el paso a sus enemigos. Cuentan con miles de guerreros vestidos con blancas túnicas. El desequilibrio numérico era patente. Los españoles, en graves apuros, reciben órdenes precisas. Cuando den una estocada, deben atravesar las entrañas del contrario. Como siempre, luchan con valor y disciplina, pero sólo un golpe de suerte les permite la salvación. Consiguen matar al comandante enemigo, un personaje muy vistoso, ricamente vestido, portador de un estandarte. Su desaparición provoca la desbandada entre las filas aztecas.

De creer a López de Gómara, Cortés se bastó y sobró para ganar la batalla él solo. En apenas unos días, el extremeño ha salido del infierno y se prepara para asaltar el cielo.

Otumba

En Tlaxcala, junto a sus aliados, aprovecha para reponer fuerzas. Si los tlaxcaltecas no hubieran respetado su alianza con los españoles, es muy dudoso que estos, exhaustos, hubieran conseguido sobrevivir. Nadie habría logrado escapar, reconoce Bernardino Vázquez de Tapia. Otro cronista de la época, fray Toribio de Benavente, apodado Motolinía por su vida de pobreza, se pronuncia en el mismo sentido: «Los conquistadores dicen que Tlaxcallan es digna de que su majestad haga muchas mercedes, y que si no fuera por Tlaxcallan, que todos murieran cuando los mexicanos echaron de México a los cristianos».

Los aztecas intentaron convencer a sus tradicionales enemigos de que olvidaran las viejas disputas. Ahora es el momento de constituir un frente común contra los invasores. Entre los tlaxcaltecas no faltan los partidarios de la guerra a toda costa, pero finalmente prevalece la apuesta por Cortés. El peso de la memoria histórica, con su legado de muertes y horrendos sacrificios, hizo imposible lo que tal vez hubiera sido una opción de futuro para el mundo indígena.

Algunos castellanos desean regresar a Veracruz, antes de que el enemigo corte los caminos y los deje aislados, pero su comandante en jefe tiene la vista puesta en Tenochtitlán. Por eso se dirige a los reticentes con un argumento contra el derrotismo: «No pelea el número, sino el ánimo; no vencen los muchos, sino los valientes». Van a regresar y van hacerlo, en primer lugar, por llevar la fe de Cristo a los paganos. Aunque también se cuida de precisar que esta tarea irá acompañada del beneficio individual, puesto que su aventura obedece a una mezcla de razones idealistas y consideraciones pragmáticas. Su arenga es, a este respecto, más que elocuente: «Sirvamos a Dios, honremos nuestra nación, engrandezcamos nuestro rey, y enriquezcámonos nosotros; que para todo eso es la empresa de México».

## EL ASEDIO DE TENOCHTITLÁN

Al principio, los aztecas creyeron que los españoles ya no volverían y reiniciaron su vida normal, pero pronto iba a diezmarlos una epidemia de viruela que se propagó con gran rapidez. Una de las víctimas fue el propio emperador, Cuitláhuac. A su heredero, Cuauhtémoc, correspondió organizar la defensa contra los hombres blancos, decidido a vencer o morir. Sus súbditos trabajaban sin tregua ahondando los puentes o fabricando largas lanzas con las que matar a los caballos, mientras ponían a punto sus piedras y sus espadas. El soberano intentará atraerse a los territorios vasallos, ofreciéndose a perdonar tributos. Pero, desgraciadamente, ya es tarde para ser diplomático. En esos momentos, sus propuestas, más que generosidad, revelan lo débil de su posición. Siguiendo un patrón de actuación muy clásico en la zona, los pueblos sometidos se alían con la potencia ascendente para lanzarse contra sus viejos dominadores.

Los españoles prepararán el asedio a la capital mexicana durante ocho meses, con refuerzos llegados desde Cuba y Jamaica. Por un lado, imparten a los tlaxcaltecas una preparación muy útil en el futuro. Dos capitanes, Juan Márquez y Alonso de Ojeda el Viejo, se ocupan de introducir innovaciones como la división de las tropas indígenas en compañías autónomas. Respecto a las armas, introducen puntas de cobre en las lanzas. A partir de aquí, las bajas en combate de los tlaxcaltecas se reducirán notablemente.

Por otra parte, destaca la construcción de trece bergantines, que según Bennassar no pasaban de «grandes chalupas muy manejables». Cada uno de ellos, de doce metros de eslora, disponía de un cañón. Esta pequeña flota proporcionará a los hispanos una superioridad fundamental, que se traducirá en diversas e importantes ventajas. Victor Davis Hanson resume las claves de esta guerra marítima: «Estos barcos mantuvieron las calzadas despejadas, garantizaron la seguridad de los campamentos españoles durante las noches, desembarcaron infantería en los puntos más débiles de las líneas enemigas, forzaron el bloqueo de la ciudad, destruyeron sistemáticamente las canoas aztecas y transportaron alimentos y suministros vitales a los diversos contingentes españoles que se encontraban aislados».

Cortés, en definitiva, se convirtió en el dueño y señor de la laguna sobre la que se alzaba Tenochtitlán.

Mientras tanto, entre los muchos preparativos, promulga unas ordenanzas estrictas, en las que, fiel al espíritu castellano de la época, coloca la religión en primer lugar. El que osara blasfemar, fuera contra Jesucristo, la Virgen María, los apóstoles o el resto de santos, se vería castigado con «graves penas». A continuación, se prohibía terminantemente que los soldados molestaran a los aliados indígenas, «pues iban para ayudarnos». Seguían disposiciones disciplinarias diversas: se evitarían los juegos de azar, nadie abandonaría el campamento de día o de noche, todos dormirían con sus armas preparadas... Al centinela que echara un sueño en una guardia le esperaba la pena de muerte, lo mismo que al desertor.

Se trata, en suma, de asegurar al máximo la autoridad de los jefes, al tiempo que se procura dar una buena imagen de cara al exterior. Cortés, siempre atento a las apariencias, se muestra muy cuidadoso con las cuestiones disciplinarias. Sabe que, en la guerra, la buena fama es un ingrediente esencial de la victoria. Por eso insiste en dirigir a sus tropas como si fueran un ejército regular, aunque ello implica, en cierta manera, una ficción, porque sus hombres no cobran una soldada. El único beneficio que obtendrán por arriesgar la vida será una fracción del posible botín.

No obstante, pese a su imponente ejército, en el que colaboran miles de indígenas, los españoles comienzan estrellándose contra la capital mexicana. Sus defensores logran repeler el primer ataque y buscan a la desesperada refuerzos. Aunque se hallaban cercados, consiguieron enviar mensajeros a dos provincias gobernadas por familiares del emperador. Cuauhtémoc esperaba que aliviaran el cerco con un ataque sobre la retaguardia de Cortés, pero el extremeño no estaba dispuesto a correr riesgos. Uno de sus lugartenientes, Andrés de Tapia, venció a la gente de Malinalco. Gonzalo de Sandoval hizo lo propio en Matlatzinco.

Tras estas victorias castellanas, Tenochtitlán sí se encontró aislada por completo. Ahora sí que nadie iba a llegar con tropas de refresco. Tampoco con provisiones, puesto que las vías de abastecimiento se hallaban cortadas. Pero ello no les impide, en un gesto teatral y propagandístico, arrojar tortas a los sitiadores. «Comed vosotros si tenéis hambre; que nosotros ninguna».

La verdad no puede ser más diferente. Los aztecas se verán en la situación extrema de tener que cocer hierbas, recurrir a las cortezas de los árboles e incluso practicar el canibalismo con las carnes de sus prisioneros, fueran españoles o tlaxcaltecas. Nada, en realidad, que no hubiera hecho cualquier europeo en las mismas circunstancias. En el asedio de París por las tropas protestantes (1590), los defensores católicos practicaron también la antropofagia y molieron pan con los huesos de los muertos.

En cuanto al agua dulce, los mexicas se encuentran con un grave problema porque Cortés consigue privarlos del suministro. «Fue muy grande ardid», comenta sin compasión en su correspondencia con Carlos V, satisfecho de su ingenio y sin plantearse las consecuencias humanas de su acción, entre ellas las derivadas de la aparición de la disentería.

## EL INFIERNO EN LA TIERRA

Así las cosas, no es extraño que el asedio, en términos humanos, se saldara con una espeluznante mortandad, algo corriente en cualquier sitio de la época que se prolongara demasiado tiempo, fuera por hambre o por los combates. En cierta ocasión, cientos de personas, hombres, mujeres y niños, salieron de la ciudad a la búsqueda de unas raíces que comer o un poco de leña para calentarse. Aunque la multitud se hallaba prácticamente desarmada, Cortés no dudó en provocar una matanza, según cuenta Gómara. Como cualquier comandante de su siglo, tenía asumido que la victoria, a veces, llevaba aparejada la crueldad.

Ante la resistencia encarnizada de los aztecas, los sitiadores tomaron una decisión drástica, demoler la ciudad sistemáticamente. Con la ayuda inestimable de

Asedio de Tenochtitlán

los indios amigos, que aportaron gran cantidad de zapadores, destruían las casas que iban conquistando para impedir que sus enemigos las cercaran, al caer la noche, o que les arrojaran piedras desde ellas al día siguiente. Tampoco se escaparon de la destrucción grandes edificios como el Quauhquiáhuac, es decir, la residencia palaciega de Moctezuma.

A veces, los aztecas lograban algún éxito militar. Capturaban prisioneros y los sacrificaban de inmediato a sus dioses, para horror de sus compañeros. Esto se sabe y nada tiene de novedoso, pero, en cambio, no se suele incidir en que los aliados de los españoles también se dedicaban con entusiasmo a devorar a sus contrarios. Por una cuestión de sentido práctico, Cortés les dejó hacer. Lo contrario hubiera sido enajenarse partidarios imprescindibles. Gómara, en su crónica, admite con franqueza esta política permisiva, forzada por las circunstancias: «Tuvieron bien qué cenar aquella noche los indios nuestros amigos. No se les podía quitar el comer carne de hombres». Pero, según el historiador Antonio Espino, la razón de que se mirara para otro lado fue el puro y simple interés: «El canibalismo de los aliados se dio por bueno. En realidad, había mucho oro en juego como para tener escrúpulos».

Se luchaba casa por casa, de día y de noche, en un terreno en el que los caballos servían de poco. Las mujeres aztecas cuidaban a sus padres y a sus maridos, pero también se ocupaban de fabricar hondas o de labrar piedras para arrojarlas. Tampoco desdeñaban el combate y se las podía ver pelear en las azoteas, con la misma efectividad que los hombres. «Tan buenas pedradas daban ellas como ellos», reconoce Gómara.

De acuerdo con el testimonio de Cortés, no fueron los españoles quienes desencadenaron el mayor derramamiento de sangre. Sus aliados mataban con tanto entusiasmo que no respetaron ni a mujeres ni a niños. Su sed de sangre resultó excesiva incluso para guerreros poco caritativos como eran los hispanos, estupefactos ante aquella inusitada ferocidad. Intentaron detenerla, pero les fue imposible. López de Gómara, en su *Historia de la conquista de México,* se pronunció en la misma línea: «Hubo tanta mortandad porque anduvieron tan crueles y encarnizados los indios nuestros amigos, que a ningún mexicano daban vida por más reprehendidos que fueron».

Para los tlaxcaltecas y otros pueblos indígenas, había llegado la hora de vengarse por tantas humillaciones a manos de los aztecas. Por eso, durante el sitio de Tenochtitlán, aprovecharon para ajustar viejas cuentas. No tuvieron piedad, como no la habían tenido antes con ellos.

El espectáculo debió de ser desolador y dantesco. La ciudad se impregnó del hedor de tantos miles de muertos, tan intenso que los españoles, incapaces de soportarlo, se vieron obligados a retirarse. Según los cálculos de Hernán Cortés, más de cincuenta mil personas perecieron en la debacle. Algún tiempo después, en su correspondencia con Carlos V, el extremeño expresará su tristeza por haberse visto obligado a destruir una ciudad que admiraba. El culpable de que se viera reducida a escombros no sería él, que se presenta a sí mismo como un comandante generoso que hace ofertas de paz con tal de evitar la masacre. En su opinión, habrían sido los aztecas, con su obstinada resistencia, los responsables de su propia hecatombe. «Nos forzaban a que totalmente les destruyésemos», le escribe al emperador. Igual que Maquiavelo, creía justificado tomar medidas extremas si la necesidad lo imponía

Fueran donde fueran, los vencedores no podían andar sino entre cadáveres. Entre los supervivientes se podían contemplar figuras esqueléticas, amarillas y malolientes, en situación tan lamentable que suscitaron la compasión de Díaz del Castillo y de otros españoles. ¡Cómo debería de ser su estado para que unos guerreros nada sentimentales sintieran pena! El llanto de las mujeres y de los niños, según López de Gómara, les quebraba el corazón. Mientras tanto, aumentaba el número de nativos que se hacinaba en un perímetro cada vez más reducido, en medio de un sistema de canales que limitaba seriamente su libertad de movimientos.

Ante la inutilidad de la resistencia, Cuauhtémoc trató de huir. En tales circunstancias, hubiera sido lógico que procurara pasar desapercibido u ocultarse. Nada de eso. Viaja en una canoa que muestra ostensiblemente las insignias reales, con lo que permite que sus enemigos lo reconozcan. Tal vez porque los aztecas, en palabras de Todorov, evidencian cierta ineptitud «para disimular la verdad». Según la leyenda, el último emperador azteca, convencido de haber hecho todo lo humanamente posible por su pueblo, pidió a Cortés que acabara con su vida allí mismo: «Toma ese puñal y mátame», fue la traducción que hizo la Malinche. El español mostró su lado más conciliador, en lo que parece una jugada maestra de su arte político. Si tenía clemencia por el soberano vencido, este ordenaría a los suyos, como efectivamente ordenó, que se entregaran. De esta forma se evitaría prolongar el combate y se economizarían vidas.

Lo que vino después fue el saqueo. Según una fuente azteca, los españoles se lanzaron, una vez más, a la búsqueda de oro: «Nada les importan los jades, las plumas de quetzal y las turquesas». Las mujeres más hermosas, para evitar abusos sexuales, intentaron pasar desapercibidas untándose la cara con barro y vistiendo andrajos. Uno de los cantos indígenas de la época refleja, en términos fuertemente conmovedores, el alcance de aquel apocalipsis: «En los caminos yacen dardos rotos, los cabellos están esparcidos. Destechadas están las casas, enrojecidos tienen sus muros».

## LOS INDÍGENAS CONQUISTADORES

La victoria de los españoles era indiscutible, pero, casi cinco siglos después, aún resulta complicado explicar cómo unos pocos hombres pudieron triunfar sobre tantos pese a moverse en un terreno desconocido. ¿Qué factores permitieron su éxito? Hay que hacer precisar hasta qué punto las fuentes dicen la verdad, reflejan prejuicios de la época o mienten deliberadamente. ¿Fue la conquista el choque brutal de un ejército disciplinado contra una población inerme? ¿Presentaron los indígenas más resistencia de la que se acostumbra a creer? No son cuestiones fáciles. Los conquistadores tenían tendencia a exagerar el poder de sus enemigos para así realzar sus propias victorias. Hernán Cortés, al relatar un combate con los tlaxcaltecas, comenta admirativo que los indios eran gente «animosa y diestra en el pelear».

Pero, paradójicamente, también reconoce que ellos no hicieron a los españoles más daño que el cansancio de la lucha y el hambre. Planteadas así las cosas, surge una pregunta inevitable: si los otros eran tan hábiles... ¿cómo no fueron más eficaces en la batalla?

Si Cortés se impuso finalmente, fue, en primer lugar, porque supo sacar partido de las divisiones de los indígenas. Por ejemplo, prometió ayuda a los totonacas si se rebelaban contra los aztecas. Consiguió así preciosos aliados que le facilitaron increíblemente el camino. En determinados momentos, la diferencia entre la vida y la muerte radicaba en la colaboración de los pueblos nativos, los que ofrecían comida y agua a los recién llegados o indicaban las rutas más adecuadas, algo indispensable para una tropa que se aventuraba en lo desconocido. En el asedio de Tenochtitlán, a su vez, efectuaron una larga lista de tareas auxiliares. Evacuan a los heridos, construyen barcos, aportan hierbas medicinales y, por supuesto, también combaten. La cuantía de sus efectivos es aún hoy tema de discusión: las cifras oscilan entre veinticinco mil hombres y los más de trescientos mil que señala el cronista mexicano Fernando Alva Ixtlilxóchitl.

Hay que tener en cuenta que los españoles, desde el punto de vista de los pueblos sometidos a los aztecas, no eran tanto invasores como aliados frente a un enemigo común. En *La conquista de América,* Tzvetan Todorov señala esta circunstancia, decisiva para entender por qué los indígenas no ofrecieron más resistencia: «Lejos de encarnar el mal absoluto, Cortés, a menudo, les parecerá un mal menor, un liberador, guardadas las proporciones, que permite romper el yugo de una tiranía especialmente odiosa».

Todorov da plenamente en el blanco. Moctezuma constituía una presencia muy real, con su poderoso ejército y sus temidos recaudadores de impuestos. Las quejas, en este sentido, son expresivas. «Todo nos lo exige como un tributo», clamaba un testimonio indio de la época. Así, a la luz de lo que dicen sus súbditos, los aztecas, más que gobernar, saquean. Ello explica que no encontraran gente dispuesta a defenderlos, puesto que encarnaban una tiranía palpable. En cambio, el poderoso rey que anunciaba Cortés, en el momento de la conquista, no pasaba de ser una abstracción.

La intervención de los nativos resultó, por tanto, decisiva. Los españoles no habrían triunfado sin su colaboración. Pero lo contrario también es cierto. Sin la dirección española, los totonacas y los tlaxcaltecas habrían fracasado. Hasta entonces, todos sus intentos de sacudirse el yugo azteca se saldaron con la derrota. Victor Davis Hanson expresa con una sugerente metáfora cómo unos y otros se necesitaban mutuamente: «Deberíamos considerar la contribución indígena a la conquista como el combustible que avivó el fuego que consumió a los aztecas, pero admitir que la chispa y las llamas fueron españolas».

## LA LEY DEL MÁS FUERTE

Gracias al apoyo de los nativos, los españoles pudieron compensar su radical inferioridad numérica. Pero esto no fue suficiente. Necesitaron, además, hacer uso de una violencia que alcanzó proporciones extremas si se mira desde la perspectiva del siglo XXI. En *La conquista de América,* Antonio Espino López habla de métodos aterrorizantes que perseguían anular a un enemigo muy superior en número, destruyendo su voluntad de resistencia. A más indios, mayor violencia para someterlos.

El propio Cortés se presenta a sí mismo dedicándose a quemar aldeas habitadas por gente indefensa: «Les quemé cinco o seis lugares pequeños de hasta cien

Hernán Cortés

vecinos e truje cerca de cuatrocientas personas, entre hombres y mujeres, presos». Su actuación, según su propio testimonio, respondía a una inflexible lógica militar. Antes de permitir que el enemigo se agrupara, él tomaba la iniciativa. Lo admite con claridad: «E por ser yo el que acometía…». Sabe muy bien que en la guerra, como en el ajedrez, el que da primero da dos veces.

En otra ocasión renuncia a incendiar un pueblo. No por consideraciones humanitarias, sino por evitar que en las poblaciones cercanas adviertan su presencia. Una vez más, la prioridad que se impone es la del soldado.

Tanta brutalidad ha indignado, lógicamente, a más de un historiador, pero debemos tener presente que en Europa las contiendas no resultaban menos despiadadas. Lauro Martines ha mostrado cómo a lo largo de los siglos XVI y XVII, las pautas del comportamiento bélico en Italia, Francia o Alemania se caracterizaban por su salvajismo. Con saqueos, violaciones, torturas... ¿Podemos pedir a unos soldados del Renacimiento europeo que se comporten en América de una manera distinta a como lo hubieran hecho en el Viejo Continente? Los indios sufrieron, por ejemplo, horribles mutilaciones, pero la amputación de orejas y narices también constituían realidades cotidianas al otro lado del océano, un siglo después. En la guerra de los Treinta Años, no fueron pocos los campesinos que sufrieron este castigo por su rebeldía.

Por otra parte, no hay que olvidar que la inferioridad de efectivos llevaba, en determinadas ocasiones, a que los españoles se inclinaran por la conciliación. El propio Cortés, en uno de sus informes a Carlos V, refleja el alivio que sintió el encontrarse con unos indígenas que venían en son de paz, «la cual Dios sabe cuánto deseábamos y cuánto lo habíamos menester, por ser tan pocos y tan apartados de cualquier socorro».

Hombre pragmático, el extremeño, más que obedecer unos principios de actuación, parece haberse movido en función de las circunstancias. En este caso, pese a su situación de debilidad, se permitirá el lujo de alardear de su fuerza ante los nativos. Habría sido, sin duda, un excelente jugador de póquer.

¿Y la superioridad armamentística? Ya en la época, los cronistas españoles subrayaron su importancia. Veamos, por ejemplo, lo que decía Cervantes de Salazar acerca de los guerreros aztecas: «Las armas con que los indios peleaban eran arcos, flechas y macanas, en lugar de espadas, con rodelas no muy fuertes». López de Gómara, al relatar un combate previo a la Noche Triste, también recalca la enorme diferencia tecnológica. Los indios habían luchado con tanto valor que «si tuvieran armas iguales, más mataran que murieran».

Los especialistas, por su parte, han debatido mucho sobre la relevancia de este factor, decisivo para unos mientras otros lo relativizan. Lo más sensato, a la luz de las fuentes, es admitir que las dos posturas tienen su parte de razón.

Los españoles contaban, para empezar, con armas de fuego, importantes por su eficacia mortal, en la aniquilación de grupos de guerreros indios, pero sobre todo por su impacto psicológico. Provocaban un estruendo con el que ni siquiera los truenos y los relámpagos podían competir. No obstante, con el tiempo, las exhibiciones de pirotecnia perderían su poder para impresionar, ya que los nativos acabaron por acostumbrarse. Así, en el sitio de Tenochtitlán, vemos a los aztecas moverse en zigzag para evitar los disparos. O se arrojaban a tierra. Los cañones, además, eran escasos. En cuanto a los arcabuces, su cadencia de tiro era limitada, nada que se pueda comparar con las modernas ametralladoras, eso si funcionaban, ya que la pólvora, en un clima tropical, podía mojarse.

Algunos autores subrayan que las armas más eficaces no fueron estas, sino las clásicas espadas de acero. Restall señala que los españoles, armados con ellas, podían «luchar durante horas y sufrir sólo heridas o contusiones leves». No en vano, se trataba de un instrumento de letalidad contundente, con la longitud necesaria para alcanzar al enemigo con cierta facilidad. Los aztecas disponían de espadas de madera con puntas de obsidiana, en modo alguno comparables. En cuanto a las saetas que disparaban los ballesteros, poseían mayor alcance que las flechas nativas, aunque también es cierto que requerían un mínimo de treinta segundos por cada nuevo disparo, lo que daba tiempo para reaccionar a los arqueros enemigos, que tenían que vencer la protección no siempre completa de las armaduras. Bernal Díaz, por ejemplo, menciona la muerte de un español de un flechazo que le acertó en el oído.

## ANIMALES FEROCES

Pero no todo el instrumental bélico de los españoles se reducía a las armas de fuego o a las armas blancas. Dos animales iban a marcar una diferencia considerable a su favor, sobre todo el caballo, a través de espléndidos ejemplares de raza andaluza. Gracias a ellos, los jinetes podían atacar a numerosos infantes, causar grandes estragos y salir relativamente indemnes. Hernán Cortés, en sus *Cartas de relación,* reconoce este hecho a propósito de cierto combate: «Como todos éramos de caballo, arremetíamos a nuestro salvo y salíamos asimismo». Por su parte, López de Gómara no deja de mencionar el número de caballos muertos y heridos. Como él mismo explica, aquellos animales «importaban muy mucho en aquellas guerras, que por ellos se alcanzaba victoria las más veces, y porque valían muchos dineros».

Todo esto ha llevado a algunos historiadores a ponderar la efectividad del cuadrúpedo con cierta exageración. John Hemming, por ejemplo, lo comparó con el tanque del siglo xx, pero eso es desconocer que «no era de metal y se agotaba igual que los propios hombres», como bien dice Antonio Espino en su excelente estudio sobre la conquista de América.

Lo cierto es que la caballería española era muy escasa. Ni siquiera había un centenar de caballos en acción al mismo tiempo. Es ya un tópico la visión del indio ignorante, incapaz de darse cuenta de que jinete y animal eran dos criaturas distintas y no una sola. De creer a Cervantes de Salazar, Cortés habría mandado enterrar a los équidos para que los indígenas no supieran que eran mortales. No obstante, hay que introducir importantes matices.

El impacto de una criatura hasta entonces desconocida fue, ante todo, psicológico. López de Gómara, por ejemplo, cuenta cómo los indios se sintieron aterrorizados ante aquellos seres. Su velocidad los impresionó, al ser capaces de alcanzar fácilmente a los corredores más rápidos. Por otra parte, tenían la sensación de que sus grandes bocas iban a devorarlos. Un testimonio indígena refleja el fuerte impacto que provocaba su estrépito al correr, «como si en el suelo cayeran piedras». Más tarde, en el siglo XVII, Antonio de Solís abundaría en la misma explicación al presentar las claves de una victoria de los españoles: «No se puede negar que tuvieron su parte los mismos caballos, cuya novedad atemorizó totalmente a los indios, porque no los habían visto hasta entonces, y aprendieron con el primer asombro que eran monstruos feroces, compuestos de hombre y bruto, al modo que, con menor disculpa, creyó la otra gentilidad sus centauros».

La superstición, tal vez, pudo darse en los momentos iniciales, pero no más tarde, cuando los aztecas hallaron una explicación racional. Y lo hicieron, lógicamente, buscando un término de comparación dentro de su propio mundo. «He visto los caballos, que son como ciervos», dirá Moctezuma. Su gente, por tanto, asimiló la novedad. Los monstruos feroces eran simples animales, a los que atacarán en grupos de diez o doce personas para sujetarles las piernas, si es que no colocan piedras afiladas en las calles de Tenochtitlán para acabar con ellos. Por eso tiene razón Antonio Espino cuando afirma que no debemos abusar de los «choques psicológicos».

Tan temibles o más que los caballos fueron los perros que traían los españoles, bestias entrenadas para despedazar lo primero que se colocara en su camino, hasta el punto de originar un verbo de resonancias siniestras, «aperrear». Uno de los documentos indígenas recopilados por León-Portilla, en *Visión de los vencidos,* evoca con singular expresividad el pánico que suscitaban a su paso: «Sus perros son enormes, de orejas ondulantes y aplastadas, de grandes lenguas colgantes; tienen ojos que derraman fuego, están echando chispas».

Los mastines, además, resultaban muy útiles por otra razón de peso: permitían detectar las emboscadas enemigas.

## El mito de los dioses

No es extraño, vista la ventaja tecnológica a su favor, que los combatientes hispanos aparecieran en un primer momento revestidos de un aura divina, única manera para los indios de explicar su aparente invulnerabilidad. Contra toda lógica, parecían capaces de gobernar el rayo. Como era de esperar, los españoles se apresuraron a sacar partido de esta impresión en una especie de guerra psicológica. Por eso, si tenían algún muerto, miraban de enterrarlo sin que los indígenas se dieran cuenta, para que así no advirtieran que los recién llegados eran tan mortales como ellos. Si pensaban que los recién llegados eran teules, es decir, seres sobrenaturales, mejor no hacer nada para desengañarlos.

Quetzalcóatl

En realidad, la creencia en la que los indios tomaron a los españoles por dioses parte de una mala traducción. «Teules» es la deformación hispana del término náhuatl *teteoh,* plural de *teotl,* palabra que denota algo grande y magnífico, pero no por fuerza divino. Más tarde, finalizada ya la conquista, se procedería a legitimarla identificando a Cortés con el dios Quetzalcóatl, que retornaba para tomar posesión de sus tierras. Como tantas veces sucede, la supuesta profecía se fabricó *a posteriori,* en un intento de dar sentido a hechos traumáticos que exigían una explicación más allá de los absurdos del destino.

A partir de aquí, se ha convertido en un lugar común la idea de que la religión de los aztecas jugó en su contra. Una ilustre historiadora norteamericana, Barbara W. Tuchman, pintaba a un Moctezuma aterrado ante la idea de que Hernán Cortés encarna a Quetzalcóatl, paralizado hasta el extremo de rendirse sin luchar. Se trató, según Tuchman, de «un exceso de misticismo o superstición». Más tarde, cuando quedó claro que los recién llegados pertenecían a la raza humana, algo dolorosamente evidente a la vista de sus excesos, el soberano mexica priorizó sus principios religiosos por encima de los datos que le proporcionaba la realidad.

Pero esta interpretación resulta demasiado caricaturesca y prescinde de que Moctezuma, cuando por fin se encontró con los españoles, sabía perfectamente que eran hombres igual de mortales que los demás. Como bien señala Matthew Restall, el mito de la divinidad de los españoles implica suponer que los indios eran imbéciles o infantiles. Su emperador no era ninguna de las dos cosas, sino un gobernante pragmático que evaluó la relación de fuerzas y se sabía en desventaja, por lo que trató de contemporizar.

## DOS MANERAS DE VER EL MUNDO

El factor religioso contribuiría a explicar la supuesta facilidad con la que el Imperio azteca se habría derribado ante la acometida hispana. Esta visión simplista olvida la resistencia nativa, muchas veces encarnizada. Díaz del Castillo, por ejemplo, menciona los muchos apuros que pasaron sus compañeros y él en más de una ocasión. Así, consigna que los indios, en cierta escaramuza, les hicieron «mucho mal» con sus lanzas. Durante otro combate, el alud de flechas y piedras, lanzadas por los honderos, causó cerca de ochenta heridos a los españoles. Estos no daban abasto repartiendo cuchilladas, pero no tenían garantizada la victoria, ni mucho menos. Algunos soldados, que habían combatido en el Viejo Mundo contra Francia o contra los turcos otomanos, aseguraban que jamás habían visto «guerras tan bravosas».

Más que por la ventaja tecnológica, los españoles vencieron por la superioridad de sus concepciones estratégicas. No en vano, se enfrentaron dos formas totalmente distintas de hacer la guerra. Los tlaxcaltecas o los aztecas no buscaban matar a los españoles sino hacer prisioneros para sacrificarlos a los dioses. Este era uno de los objetivos de la denominada «guerra florida». El otro, proporcionar a los jóvenes guerreros la necesaria experiencia en combate. Los españoles no dejaron de observar que Moctezuma, al guerrear con los aztecas, no buscaba en realidad sojuzgar a sus enemigos sino hacer prisioneros. Por eso enviaba pocas tropas, con el resultado de que a veces eran los tlaxcaltecas los que vencían. Pero, según López de Gómara, no admitía duda que el emperador hubiera aniquilado a sus enemigos si se hubiera puesto a hacer «la guerra de veras». La expresión, además de jugosa, resulta enormemente significativa. Para el cronista hispano, la guerra auténtica es la que hacen los españoles. Lo que practican los indígenas, a sus ojos, vendría a ser una especie de guerra de mentirijillas, casi un deporte.

Los aztecas, pues, no intentaban matar a los españoles sino capturarlos. Así se comprende, según Bennassar, que los hombres de Cortés tengan muchos heridos, pero pocos muertos. Sin embargo, este sistema de prioridades cambió con el curso de la guerra. En la Noche Triste, lo mismo que en el asedio de Tenochtitlán, los súbditos de Moctezuma se la juegan a todo o nada. En esos momentos ya no se andan con demasiadas contemplaciones: van a matar. ¿Nos encontramos ante un comportamiento nuevo dentro de sus coordenadas culturales? De ninguna manera. Victor Davis Hanson señala que la lucha entre indígenas adquiría una dimensión más dramática cuando los resultados no eran los esperados: «Si el enemigo insistía en su resistencia, las guerras de las flores crecían hasta convertirse en batallas de conquista a gran escala pensadas para derrotar al enemigo definitivamente y anexionarse su territorio».

Ante un adversario más fuerte de lo previsto, lo habitual era aplicar un grado de violencia más alto. Sin embargo, la desproporción entre el número de bajas mortales de los españoles y el de los aztecas era por completo desmesurada, ajena a cualquier cálculo razonable de costes y beneficios. El mismo Cortés, para convencer a sus contrarios de que se rindan, les dirá que ellos pierden infinidad de hombres por cada español caído.

Existió, sin duda, una inferioridad armamentística y táctica, pero tal vez el elemento crucial fuera la incapacidad para comprender al enemigo. Según John Darwin, el fracaso mexica responde, en parte, a un problema cultural: «Lo que hizo tan vulnerable al Imperio azteca al ataque de los españoles, se ha argumentado, fue la incapacidad de su alto mando para comprender los orígenes, objetivos y motivaciones de su enemigo europeo, o para imaginar las razones de su súbita aparición. El resultado fue una desorientación mental paralizante que destruyó la capacidad de resistencia del emperador azteca».

Por su parte, Todorov apunta a un déficit de comunicación. Moctezuma se empeña en mantenerse inaccesible, con lo que pierde la ocasión de averiguar los puntos débiles de sus contrarios. Todo su esfuerzo va encaminado a evitar el contacto con ellos, de forma que no acierta a profundizar en sus motivaciones. Cortés, en cambio, fuerza el contacto con el otro y no hace más que preguntar acerca de los aztecas, con una curiosidad que va a concederle una posición de ventaja.

Mientras los españoles triunfan en el procesamiento de la información, el soberano mexicano se muestra incapaz de interpretar los datos. Si un mensajero o un mago le dice lo que no quiere oír, acaba invariablemente castigado. De esta manera, el emperador desincentiva a los que de otra forma podrían ayudarlo.

Su comportamiento es el símbolo de una sociedad que se siente a la deriva, de manera que sus intentos por oponerse a una amenaza inédita se revelan inútiles. Frente a situaciones nuevas, los aztecas buscan respuestas en la tradición. Empeño vano: sus dioses ya no les hablan, o su palabra resulta imposible de comprender. Sus oponentes, en cambio, saben improvisar para adaptarse a circunstancias. Un ejemplo típico de esta mentalidad lo encontramos en el propio Cortés, muy consciente de la limitada ayuda que le pueden ofrecer experiencias pasadas: «Hay necesidad que a nuevos acontecimientos haya nuevos pareceres».

Todorov explica las diferencias de manera muy clara. Mientras los conquistadores actúan, los aztecas reaccionan. «El hecho de que son los españoles los que han cruzado el océano para encontrar a los indios, y no a la inversa, anuncia ya el resultado del encuentro».

## El arma biológica

No podemos terminar este repaso a las causas de la conquista sin tener en cuenta un último elemento, este de naturaleza biológica. Los virus traídos desde Europa provocan epidemias devastadoras, mucho más terribles que la propia actividad bélica. En el asedio de Tenochtitlán, los mexicas sucumbieron por centenares, al no poseer defensas frente a la viruela, el llamado «teozáhuatl» o «grano divino». De una manera incomprensible, los afectados se veían recubiertos de pústulas, sin que ningún remedio demostrara eficacia. Peor aún, el tratamiento que ensayaban, la inmersión en agua, sólo conseguía empeorar las cosas. En muchos hogares moría toda la familia. A veces, no por la enfermedad sino por hambre: si perecían las mujeres ya no había quien hiciera el pan.

Para acentuar la sensación de desconcierto, el mal sólo los atacaba a ellos, mientras los españoles parecían inmunes. Bartolomé de las Casas, en su *Historia de las*

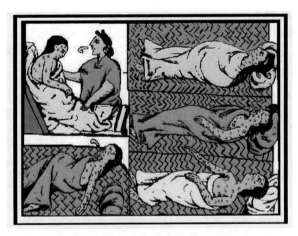

La viruela según el Códice Florentino.

*Indias,* dibuja un panorama dantesco: «En breve todos morían». En su opinión, la mortandad no se reducía a una desgracia provocada por la naturaleza. Los españoles, con su trato despiadado hacia los indios, favorecían la extensión de las epidemias. Una población malnutrida y desnuda, sometida a una jornada laboral extenuante, se convertía en una víctima fácil. En palabras del dominico, los conquistadores no tuvieron «ningún cuidado» con la «salud y conservación» de su mano de obra.

Los historiadores han discutido mucho hasta dónde llegó la actuación letal de los microorganismos. Unos se manifiestan en términos exculpatorios. «Cortés no podía hacer nada», escribe Bennassar. La enfermedad se extendía rápidamente, causando estragos incluso allí donde no llegaban los españoles. Otros, como Todorov, subrayan que los conquistadores distaban de ser inocentes, en una línea similar a la defendida por Las Casas. Según el testimonio del mestizo Juan Bautista Tomar, que data de finales del siglo XVI, unas personas sin ganas

167

de vivir, por la continua explotación que sufrían, poco podían hacer para recuperar la salud. La raíz de su mal se hallaría en la «congoja y fatiga de su espíritu, que nace de verse quitar la libertad que Dios les dio».

La viruela, por desgracia, no iba a ser la única «agresión microbiana» que sufrió el Nuevo Mundo. Pronto llegaron el sarampión, el tifus o la gripe, convertidos en nuevos jinetes del apocalipsis.

## ¿El triunfo de la razón?

En *Matanza y Cultura,* Victor Davis Hanson, prestigioso historiador de la guerra, sostiene que el triunfo español sobre los aztecas se debió, en última instancia, a la tradición intelectual de Occidente. Los españoles basaban su estrategia en la razón, con unos hábitos de investigación y de comprensión de la realidad de los que carecían sus adversarios. Pero esta contraposición entre luces y oscurantismo no acaba de ser del todo convincente. De hecho, el racionalismo de los conquistadores resulta muy *sui generis*. Su mentalidad providencialista atribuía las victorias al designio divino, a la vez que no dudaba de intervenciones sobrenaturales en el campo de batalla.

Los indígenas, por su parte, pudieron dejarse llevar por una visión mágica al principio, pero pronto advirtieron que los recién llegados no eran dioses sino hombres que comían, dormían… y morían. Por ello, a lo largo de la contienda, adaptaron su forma de combatir a un estilo de hacer la guerra ajeno por completo a su tradición bélica. El propio Hanson indica que «aprendieron a evitar los ataques en masa en las llanuras y durante el gran asedio de la capital demostraron gran ingenio a la hora de reducir la lucha a sus estrechas callejas».

# 7

# La organización de un imperio

Se acostumbra a creer que la caída de Tenochtitlán culminó la conquista de Nueva España, pero eso es muy relativo. Hernán Cortés controlaba la antigua capital azteca, pero en otros lugares ejercía un dominio precario aún, por no decir nulo. Lo que sigue a continuación de la toma de la capital, por tanto, no es un período de paz. Las guerras se suceden entre los conquistadores hispanos y diversos pueblos indígenas. No obstante, reconocer que Hernán Cortés no gobernaba los amplios territorios que aparecen en los mapas no significa minimizar sus logros.

Entre ciertos historiadores, afirmar que Cortés crea México como nación mestiza ha llegado a convertirse en una creencia común. Desde una línea indigenista, el mestizaje se suele presentar como un proceso traumático de violaciones en masa. Otros, sin negar que cualquier campaña bélica va acompañada de abusos sexuales, inciden, por el contrario, en la naturaleza pacífica de la mezcla. Serían los propios indígenas los primeros en impulsarla, al ofrecer a sus hijas a los recién llegados, deseosos de tener descendencia en común con unos guerreros de apariencia invencible.

No obstante, el término 'mestizo' parece problemático, al sugerir que españoles e indígenas se relacionan en pie de igualdad. No hay tal, sino más bien desconocimiento mutuo. Al introducirse en las crónicas españolas, el lector no puede evitar una impresión descorazonadora. Los tópicos parecen multiplicarse, para bien o para mal, en cuanto se habla de los indios. Mientras Bartolomé de las Casas los considera buenos y pacíficos por naturaleza, Cervantes de Salazar los describe con una acumulación de insultos racistas: torpes, borrachos, mentirosos... Entre todos ellos, los mexicanos serían «los más maliciosos y de menos virtud».

Es decir: lo que llega hasta nosotros son arquetipos de bondad o de maldad, no seres humanos de carne y hueso, con virtudes y defectos. En ambos casos, los indios quedan reducidos a la condición de menores de edad. En razón de esta supuesta inferioridad, la política que se practica es la segregación. Ni vivirán en los mismos barrios que los españoles ni obedecerán a las mismas autoridades. Continuarán a las órdenes de sus propios caciques, constituyendo una especie de mundo aparte en el que conservarán sus costumbres y su lengua, el náhuatl, la cual aprenderán a escribir con el alfabeto occidental. De hecho, no existe nada parecido a un programa sistemático de hispanización completa. Más bien al contrario, ya que la Iglesia se preocupa de predicar en los idiomas locales.

Semejante *status quo* se mantendrá hasta la proclamación de la independencia de México, a principios del siglo XIX. Tal política se justifica como una forma de proteger a los indios de los españoles, a los que el propio

Cortés considera «gente de baja condición, violenta y viciosa». A su juicio, si se permitía que vivieran entre los nativos, estos se contaminarían de su forma de ser pervertida.

Esta valoración negativa sobre los que pasaban a las Indias refleja un prejuicio muy extendido en la época. Los inadaptados de España serían, supuestamente, los que se marchaban al Nuevo Mundo a buscarse la vida, para alivio de unas autoridades deseosas de ver a los elementos indeseables cuanto más lejos mejor. Algo de razón hay en ello, pero, como señaló John H. Elliott, no todos eran gentuza. Entre los emigrantes se encontraban gentes emprendedoras y con talento, por lo que Castilla sufrió lo que hoy denominaríamos «fuga de cerebros».

## CONSTRUCTOR DE UN NUEVO MÉXICO

Con este material humano, Hernán Cortés se enfrenta a un desafío formidable. Tras apoderarse de un imperio, ahora le toca la misión más difícil, consolidar lo ganado. Maquiavelo, en *El Príncipe,* ya advertía de lo complicado de esta tarea: «Cuando se conquistan estados en una región con diferente lengua, costumbres e instituciones, aquí sí hay dificultades y aquí hace falta tener gran fortuna e industria para mantenerlos».

Mientras tanto, en Europa, la gente aún no es del todo consciente de la magnitud del reino que acaba de incorporarse la Corona española. A Carlos V le interesan más sus problemas en Alemania e Italia, pero pronto descubrirá que en sus nuevos y desconocidos dominios tiene una fuente de ingresos inagotable en forma de remesas de plata.

Cortés se ocupará muy gustosamente de comunicar a su Rey las maravillas que hay al otro lado del océano. Sabe muy bien que su hazaña, sin una propaganda

El emperador Carlos V y su familia

eficaz, no servirá de nada. Es por eso que se dedica a publicitarse a sí mismo en sus célebres *Cartas de relación*. Aunque las dirigió a Carlos V, su destino final fue la imprenta. Vieron la luz por primera vez en Sevilla, en 1522. No tardaron en traducirse a otros idiomas y publicarse por toda Europa.

Con gran visión de futuro, nuestro hombre le sugiere a Carlos que se convierta en emperador de la Nueva España, un título que en nada desmerecería al de emperador de Alemania, que ya poseía. ¡Tan grandes eran las maravillas de las tierras recién descubiertas! Es más, tanto el Pacífico como China podían ser nuevas áreas de expansión, en las que acrecentar las conquistas.

Pero la idea, revolucionaria en sí misma, chocaba con una mentalidad arraigada. Para cualquier europeo de la época sólo podía existir un imperio, el Sacro Imperio Romano Germánico. Los otros estados eran reinos y sus titulares, en cuestión de dignidad, estaban un punto por debajo del emperador.

El monarca Habsburgo no se dejó seducir por propuestas tan visionarias. No era un soñador, sino un político pragmático, consciente de que su poder, en esos momentos, se asentaba sobre Europa. Desde su óptica de soberano apremiado constantemente por los problemas económicos, lo que de verdad contaba era el oro y la plata que el conquistador extremeño le enviaba. Si Cortés pretendía impresionar a Carlos V con una exhibición de riqueza, no hay duda de que lo consiguió. En 1522, un decreto del emperador lo nombró gobernador y capitán general de México. Se convirtió así en la más alta autoridad del imperio que había ocupado. Durante los siguientes dos años, hasta su partida a Honduras, se comportará en la práctica como un gobernante absoluto.

Entre sus primeras tareas figura la de alzar Ciudad de México sobre las ruinas de Tenochtitlán, como capital de la Nueva España. La construcción de la urbe se efectúa en un tiempo récord, tras limpiar los escombros y recoger los cadáveres. Al precio, por desgracia, de la sobreexplotación de los indios. Las obras se convirtieron en una auténtica plaga para ellos, obligados no sólo a trabajar gratuitamente, también a ser los que aportaran sus propios alimentos. Tuvieron que realizar un esfuerzo considerable porque el terreno, de carácter pantanoso, los forzó a transportar desde gran distancia las piedras. Mucho trabajo, en suma, y poca nutrición. Pero el ambiente en las obras, según López de Gómara, no parece haber sido siniestro. El cronista, en lugar de presentar a esclavos que gimen, refleja alegría y dinamismo: «Era mucho de ver los cantares y música que tenían».

Cortés deviene, por tanto, urbanista. No dejó de ser polémico que mantuviera la ubicación de la ciudad azteca, situada en una zona pantanosa. ¿Por qué allí si en Coyoacán disponía de un emplazamiento más favorable, tanto por sus condiciones de salubridad como por el terreno llano? A ojos de sus enemigos, el propósito está muy claro. El extremeño quiere contar con una plaza fácil de defender para proclamarse soberano de las nuevas tierras. A nuestro protagonista, en realidad, tal idea ni se le pasa por la cabeza. Si tuvo una virtud, esa fue la fidelidad a su rey. Lo cierto es que Tenochtitlán, pese a las desventajas de su asentamiento, permitía a los conquistadores mantener una cierta continuidad con el mundo azteca. No en vano, los españoles se benefician de los atributos del antiguo imperio mexica, que encontraría su prolongación natural en el reino de la Nueva España. Se persigue, de esta manera, la construcción de una legitimidad política ante la población local.

El propio Cortés, en su correspondencia con Carlos V, explica estas razones: «Viendo que la ciudad de Tenochtitlán, que era tan nombrada y de que tanto caso y memoria siempre se ha hecho, pareciónos que en ella era bien poblar. [...] Como antes fue principal y señora de todas estas provincias, que lo será también de aquí en adelante».

López de Gómara, inspirado por el conquistador, insiste en la misma idea: «Quiso Cortés reedificar a México, no tanto por el sitio y majestad del pueblo cuanto por el nombre y fama».

Lógicamente, la nueva urbe tendrá poco que ver con el pasado. Para empezar, porque los canales han desaparecido. Los antiguos templos dejan paso a las iglesias cristianas, las propias de una capital configurada al estilo español. Lo mismo que otros edificios, como el Hospital de Jesús Nazareno, aún hoy en funcionamiento. Mientras tanto, hay que establecer todo tipo de empleos públicos: regidores, procuradores, escribanos, alguaciles...

No faltan problemas a la hora de la distribución de los terrenos, que dista de realizarse a gusto de todos.

Como era de esperar, las protestas de los insatisfechos se multiplican. Entre otros motivos, porque creen, con toda razón, que Hernán Cortés se ha reservado la mejor parte para sí y para sus amigos.

En plena ebullición inmobiliaria, no deja de ser significativo que el flamante gobernador quiera preservar los pocos monumentos prehispánicos que han sobrevivido a la destrucción, a modo de memoria histórica. Sus enemigos no se privarán de reprochárselo cuando se haga su juicio de residencia, incapaces de entender que alguien quiera conservar los restos de un pueblo bárbaro y pagano. En esto, el extremeño revela una mentalidad típica del Renacimiento. ¿No estaban saliendo a la luz maravillas arqueológicas de los antiguos griegos y romanos? Los hombres del siglo XVI reverenciaron la cultura de ambos pueblos sin que les importara el detalle de que no fueran cristianos. En el contexto de América, los aztecas y los incas representan el equivalente al mundo clásico.

## LA APARICIÓN DE LA ENCOMIENDA

Cuauhtémoc, mientras tanto, permanece aún en el trono. Sin duda, resentido con unos españoles que lo han torturado para averiguar dónde ha ido a parar el oro extraviado en la Noche Triste. En el mundo democrático del siglo XXI, el tormento no puede producir sino horror. En la Europa renacentista, en cambio, se aceptaba como un medio legítimo para obtener información o castigar a los delincuentes. El influjo de la cosmovisión cristiana, con su desvalorización radical del cuerpo, resultaba determinante. El historiador Lauro Martines desentraña la clave de esta mentalidad, que ahora nos parece tan extraña e inhumana: «Si el dolor resultaba beneficioso para los hombres buenos que se azotaban a sí mismos, mejor lo era para los malos, a quienes podía llegar a hacerlos entrar por el camino de la rectitud».

La autoridad de Cuauhtémoc se ha visto fuertemente restringida, pero no anulada por completo. Y, por extraño que resulte a primera vista, utiliza ese resto de poder que le queda para ayudar a los españoles. Eso es lo que sucederá en 1523, cuando aporta soldados con los que aplastar la rebelión de los huastecos, que en esos momentos asediaban Panuco. ¿Cómo interpretar esta actitud colaboracionista? Para Juan Miralles, resulta indudable que el soberano azteca actuaba así por obligación. No tenía más remedio que obedecer, al carecer de libertad de movimientos. Pero tal explicación no acaba de resultar satisfactoria. ¿Por qué no intentó huir? ¿Por qué no trató de organizar alguna forma de resistencia?

Su país, mientras tanto, experimenta un cambio tras otro. No es el menor la distribución de encomiendas, el sistema con el que se organiza la explotación de la fuerza laboral indígena. Se trata, según autores como Arndt Brendecke, de un residuo de feudalismo. Ya a partir del siglo XII, en plena Reconquista, los cristianos acostumbraban a repartir bienes tras la incorporación de territorios musulmanes. Este esquema se repetirá tras el descubrimiento de América, cuando los indios se conviertan en la recompensa que reciban los conquistadores por los servicios prestados.

Sin embargo, al menos en teoría, aquí no se trata de poner a los nativos bajo la autoridad arbitraria de un español. Lo que se pretende, por el contrario, es colocar a los indígenas bajo la protección del encomendero, que recibe este nombre porque le son «encomendadas» un conjunto de personas, con la obligación de velar por ellas y, sobre todo, de instruirlas en la fe cristiana. La ley establece así un sistema de derechos y deberes recíprocos.

Indígenas en una encomienda

Pero hay un problema. Hernán Cortés, al entregar encomiendas, desobedece un mandato expreso de la Corona. Carlos V, en efecto, le había ordenado «no hacer ni dejar hacer en este país ni repartimiento, ni encomienda, ni atribución de indios». Ante el emperador, procura explicar su actitud como una respuesta obligada ante las circunstancias locales. Sin encomiendas, los españoles carecen de recursos. Sin recursos, con toda probabilidad acabarán lanzándose a una revuelta general, con lo que se perderá la Nueva España.

Un vasallo que se niega a poner en práctica las instrucciones de su señor. ¿Acto de rebeldía, quizá? De ninguna manera. Nos encontramos ante una aplicación más de un célebre principio, el de «acato pero no cumplo». Un lema que, como ha demostrado Brendecke en *Imperio e información,* no expresaba cinismo frente al gobierno imperial. Se trataba, por el contrario, de un procedimiento establecido para ajustar las órdenes del centro a las circunstancias de una periferia lejana.

Cortés juega aquí a dos bandas. Ha de contentar a los conquistadores españoles, pero también a la aristocracia indígena, que va a disponer de sus propios señoríos. El de Tacuba, por ejemplo, irá a manos de una hija de Moctezuma, Isabel Tecuichpo. Sin embargo, el extremeño también procura limitar el poder de esta clase dirigente sobre los indios.

Se trataba, en principio, de tomar buena nota de lo que había sucedido en las islas del Caribe, con la rápida extinción de la población indígena, para evitar que el desastre se repitiera en esta ocasión. Cortés, conocedor de primera mano de lo que había sucedido en La Española y en Cuba, sabía perfectamente que una economía depredatoria servía para obtener beneficios rápidos, pero no para consolidar un proyecto de futuro. De ahí que sea muy consciente de la necesidad de rectificar los métodos de colonización. «Tengo mucha vigilancia en guardarme de aquel camino», le escribirá a Carlos V.

Como gobernante, desea que se multiplique la población de las tierras que ha conquistado, porque eso implica el incremento de la riqueza de las mismas. Así lo expresa en su correspondencia con el emperador, donde manifiesta su voluntad de que los indígenas «se conserven y se perpetúen». Por eso mismo, ordenó que no se impusieran a los «naturales» trabajos excesivos. Por ejemplo, obligándolos a realizar tareas agrícolas o cualquier otro trabajo fuera de sus hogares. En esta línea, prohíbe el trabajo de mujeres y niños, a la par que fija el descanso dominical.

Por medidas como esta, más de un historiador ha juzgado que Cortés se convirtió en un «libertador». La apreciación, sin embargo, peca de exagerada, porque tiene en cuenta sólo algunas buenas intenciones, no las realizaciones prácticas. Y estas, por desgracia, tomaron rumbos muy distintos a los que fijaba la teoría. A la hora de la verdad, no todos los españoles aceptaban seguir la política de moderación en su trato con los nativos, de manera que a la primera ocasión impusieron exigencias más duras, con impuestos insoportables.

El resultado de todo ello fue la hecatombe demográfica. Los indios morían por los malos tratos, sometidos a jornadas laborales extenuantes con una alimentación insuficiente. Mientras tanto, la natalidad caía en picado. Bien porque los trabajos forzados separaban a las familias, bien porque nadie quería tener hijos para que vivieran en condiciones de esclavitud. De los veinticinco millones de personas calculados para 1519, la población se redujo a 16.800 en 1532. Y, desde esa cifra, aún descendería a menos de la mitad.

Al lado de los explotadores más despiadados, Cortés aparecía como una figura benigna, casi paternal. No obstante, también es cierto que su actitud evolucionó con el tiempo. Le era más fácil mostrarse razonable en los años de 1522 a 1524, cuando ejercía una autoridad casi absoluta sobre México, que en la década siguiente. Privado ya del poder político, necesitará extraer de sus propiedades toda la rentabilidad posible, de cara a financiar sus nuevas aventuras. Trasladará entonces sus exigencias a los capataces que controlan, en el día a día, la fuerza laboral, gente dispuesta a imponer su voluntad con dureza. El resultado no tarda en saltar a la vista. Los vasallos bajo su jurisdicción se quejan del trato despótico, como si ellos fueran esclavos.

A veces, por la fuerza de la costumbre, se insiste en que las leyes españolas eran papel mojado. Hay en ello parte de verdad: sólo hay que ver la vergonzosa explotación de los indios en las minas, pese a su prohibición legal. No obstante, también hay que tener presente que la población autóctona aprendió pronto a utilizar los tribunales en beneficio propio. Por ejemplo, para denunciar los abusos de algunos encomenderos, una lucha en la que obtuvieron ciertas victorias. Un cronista español que no les tenía ninguna simpatía, Cervantes de Salazar, se quejaba del trato que recibían los indios, demasiado blando en su opinión: «Como conoscen el favor que las justicias, por mandado del Rey, les hacen, molestan por cualquier cosa á los españoles, y verdaderamente en este negocio, como en los demás, se conosce todos los extremos ser malos, porque al principio fueron con mucho rigor tractados de algunos que no se acordaban si eran cristianos».

No obstante, antes de hacer juicios tajantes sobre las encomiendas, en sentido positivo o negativo, hay que tener en cuenta que no todos los nativos se encontraban en idénticas condiciones. En unos casos, encontramos diversas formas de resistencia como robos, sabotajes o actos de violencia individual contra los españoles. Actos, en suma, que los historiadores tienden a pasar por alto porque no poseen la vistosidad de una rebelión abierta. Pero, por otra parte, no hay que olvidar que entre los indígenas también se cuentan vencedores y vencidos.

A los tlaxcaltecas, por su lealtad, tanto en tiempos de la conquista como en aquellos momentos, en que aportaban abundantes soldados, Cortés los premió con mayor autonomía. Ellos no se verían sometidos a ningún encomendero. De esta forma, se conservaron unas instituciones de la época prehispánica que aportaron elementos de continuidad. Los españoles, fuera en territorio de sus aliados, fuera en los señoríos que conquistaban por la fuerza, contaban con caciques amigos imprescindibles para el gobierno local. De hecho, su situación de absoluta inferioridad numérica no les permitía otra opción. Necesitaban delegar funciones para establecer así «un sistema de dominación indirecta». Con este arreglo, salían beneficiados los conquistadores pero también las élites indígenas, al ver confirmados sus privilegios.

Los indios, como hemos visto, era valorados como mano de obra de la que se derivaban riquezas suculentas que atraían como un imán a los miles de españoles que acudían a la Nueva España, convertida ahora en tierra de promisión. Fueron los denominados «pobladores», término con el que se los distinguía de los «conquistadores». Su llegada respondía a una política deliberada de atracción, que estuvo a punto de provocar, en contrapartida, un despoblamiento de las islas del Caribe. Cortés hace que muchos lleven a México a sus mujeres, a la vez que reparte dinero para que vengan de España doncellas casaderas, lo que significa cristianas viejas e hidalgas, ya que han de ser un partido aceptable en el mercado matrimonial.

Este movimiento migratorio no se produce sin fuertes tensiones entre los peninsulares, inmersos en una dura batalla por el control de los recursos y del poder. Todos ansiaban las mejores encomiendas y los cargos más influyentes.

Los nuevos colonos fundarán ciudades, cada una con su correspondiente municipalidad. Para favorecerlos, el gobernador toma medidas que impulsen el desarrollo económico. Con este objetivo promueve cultivos como el trigo, el azúcar o la vid. Eso implica, entre otras cosas, reclamar a España el envío de semillas. Se introducen, a su vez, nuevas especies ganaderas. Una de ellas, el cerdo, se convertirá en un elemento básico de la alimentación indígena.

Era el momento, también, de establecer impuestos. La Corona, siempre necesitada de ingresos, necesita informes de lo más básico. Primero de todo, acerca «del grandor y tamaño de la dicha Nueva España». No se trata, evidentemente, de acumular datos porque sí. Una vez que se conozcan los pueblos del territorio y cuántos vecinos residen en cada uno, será posible calcular la renta que se puede extraer de ellos. El conocimiento geográfico, pues, se hallaba al servicio de la fiscalidad.

## UTOPÍA CRISTIANA

La riqueza material es importante, pero no hay que perder de vista la espiritual, representada por los misioneros y su obra evangelizadora. En sus cartas, Cortés pide a Carlos V el envío de religiosos con los que convertir a los indios. Será en 1524 cuando llegue fray Martín de Valencia, al frente de doce franciscanos, un grupo de religiosos entusiastas que emprenderá una actividad frenética. Aprenderán el náhuatl para predicar a los indígenas en su lengua, fundarán iglesias y viajarán. Uno de ellos era el célebre fray Toribio de Benavente, destacadísimo defensor de los derechos de los nativos y autor de una *Historia de los indios de Nueva España,* en la que describe las diez plagas que asolaron el país: hambre, guerra, viruela, impuestos excesivos…

Los franciscanos no se proponen reproducir la Iglesia tal como la conocen en la vieja Europa, sino fundar comunidades cristianas auténticamente evangélicas, de acuerdo con el ejemplo de los primeros cristianos. Las Indias ofrecen un escenario ideal para hacer realidad este sueño al tratarse de un territorio virgen, aún no corrompido. El aliento utópico que los impulsa tiene que ver, según John H. Elliott, con la tradición milenarista italiana y el mensaje de Jerónimo de Savonarola, el intransigente dominico que pretendió construir en Florencia un sistema teocrático. Otros han destacado la influencia de *Utopía,* el famoso libro de Tomás Moro sobre una isla en la que brilla la armonía y la solidaridad.

A ESTOS MUY DICHOSOS Y BIENAVENTURADOS RELIGIOSOS FUNDADORES Y EVANGELIZADORES DE LA FE EN LA IGLESIA DEL NUEVO MUNDO QUE PARTIERON DEL CONVENTO DE SAN FRANCISCO DE BELVIS DE MONROY EL AÑO 1524 EN EL DIA DE LA CONVERSION DE SAN PABLO Y LLEGARON EL VIERNES DE LA VIGILIA SEXTA DE PENTECOSTES EN EL MISMO AÑO.

Los doce primeros franciscanos

Para dar ejemplo a los nativos, Cortés trataba a los monjes con la mayor deferencia, besando su hábito e incluso arrodillándose. En sus cartas, como hizo notar Elliott, se percibe con claridad la huella franciscana. El extremeño pide asistencia espiritual, pero a la vez critica la tendencia hacia la riqueza y el lujo del catolicismo más mundano. Precisamente para corregir estos vicios, su deseo es asistir en la Nueva España al nacimiento de una nueva Iglesia, «donde más que en todas las del mundo Dios Nuestro Señor será servido y honrado».

No es de extrañar que con esta actitud se ganara el apoyo de los religiosos. Para los franciscanos, Cortés era algo más que un ídolo. Lo consideraban un «General de Cristo», del que Dios se servía para llevar la salvación a millones de indígenas. Su evangelización, desde una óptica milenarista, constituía una señal de que se aproximaba el final de la Historia, el momento supremo en el que culminaría la lucha entre el bien y el mal.

Pero no todo se reducía a la esperanza apocalíptica. Mientras se aguardaba la llegada de un mundo más puro había que tener presentes las necesidades terrenales. Lo que significaba, entre otras cosas, impulsar la organización eclesiástica del territorio recién ganado, a través de la fundación de parroquias y obispados. Se implanta así un nuevo clero que vendrá a ocupar el lugar de los antiguos sacerdotes aztecas. Constituirá, por lo general, un estamento aliado de los encomenderos, al necesitar su apoyo para efectuar la predicación entre los indios.

Los indígenas, en un intento de oponerse a la nueva religión, desafían a los religiosos franciscanos a un debate, que estos aceptan. En el encuentro, explican que la fe cristiana les produce temor, al tratarse de una novedad muy distinta a lo que habían recibido de sus antepasados. ¿Quiénes son ellos para cuestionar lo que viene avalado con el peso de la tradición? Su actitud, según Tzvetan Todorov, consiste en la aceptación pasiva de los dogmas heredados. Los españoles, en cambio, se esfuerzan por dar argumentos racionales acerca de sus creencias.

La controversia no consistió, por desgracia, en un intercambio de opiniones entre iguales. Como era de esperar, las voces católicas acaban ahogando las del clero azteca.

Parece claro que, de manera más o menos clandestina, los indios lucharon por conservar sus creencias, de forma que suscitaron entre los frailes nuevos estereotipos: ya no son criaturas angelicales sino seres pícaros y desobedientes, paganos pertinaces que se empeñan en continuar con el culto a sus dioses tradicionales, aunque finjan venerar las imágenes cristianas. Lo único que cambia es que se sustituyen unas imágenes sagradas por otras, pero los lugares de culto siguen siendo los mismos y continúan con sus prácticas: «Y se queman frente a ellos las mismas hierbas aromáticas» dice Tzvetan Todorov a este respecto.

Aunque eso no significa una oposición al dios de los españoles, la mentalidad sincrética de los indios nada tenía que ver con el exclusivismo monoteísta de los occidentales. Para ellos, incorporar nuevos dioses a su panteón nada tenía de problemático.

En cualquier caso, podemos estar seguros de que la conquista espiritual de las Indias no fue una cuestión inmediata. Requirió, por el contrario, de mucho tiempo. A finales del siglo XVI, todavía encontramos quejas de las autoridades eclesiásticas acerca de la tendencia de los nativos a reincidir en sus prácticas paganas.

La religión tiene un aspecto íntimo pero también una vertiente social tanto o más importante. Cervantes de Salazar censuraba a los indios porque, al construir una iglesia, sólo les preocupaba que esta fuera mejor que la de sus vecinos. ¡Como si estas cosas en España no ocurrieran! El mismo cronista, páginas más adelante, nos habla de la intención de Cortés de construir un templo «más suntuoso que el de Sevilla». A uno y otro lado del Atlántico, ser buen católico se convierte en un requisito indispensable para gozar de la aceptación de la colectividad.

Mientras el catolicismo se extendía imparable, ciertas costumbres ligadas a los antiguos cultos se resistían a morir, entre ellas la poligamia. La instauración del matrimonio monógamo no se hizo sin profundos traumas, a diversos niveles. Los hombres protestaron, poco dispuestos a atarse para siempre a la misma mujer. ¿Y si no les daba hijos? ¿Y si era demasiado fea?

De la noche a la mañana, sin apenas tiempo para la adaptación, la familia azteca experimentaba una transformación radical. Para muchas mujeres, las consecuencias iban a ser desastrosas. Serge Gruzinski ha señalado que las antiguas esposas secundarias, con el cambio, vieron degradada su categoría a la de simples concubinas. Por tanto, se las podía expulsar del hogar sin contemplaciones. Sus hijos, ahora, se veían reducidos a la condición de bastardos. Ello los convirtió en unos parias sociales, desprovistos del derecho a la herencia de sus padres.

## ¿Anatomía de un asesinato?

En realidad, los aztecas no son los únicos que defienden la poligamia. Hernán Cortés puede rechazarla en la teoría, pero la práctica es otro cantar. Acostumbrado a la libertad sexual, el reencuentro con su esposa, Catalina Juárez, le sienta como un jarro de agua fría. Ella llegó a México desde Cuba, junto a su hermano Juan. Fue recibida por todo lo alto, tanto en los pueblos por los que pasaba como en Ciudad de México, en la que «hubo regocijos y juegos de cañas», a decir de un cronista. Pese a estas demostraciones de alegría, enseguida se propagaron rumores de que Cortés se hallaba incómodo con la presencia de su mujer. Por lo que parece, las peleas domésticas se multiplicaron, en parte motivadas por los celos más que justificados de ella. Su marido ni siquiera se molestaba en disimular sus infidelidades. Transcurridos tres meses, Catalina apareció muerta, víctima de no sabemos con exactitud qué enfermedad. ¿Asma? ¿Epilepsia? ¿Infarto?

La versión oficial apunta causas naturales. Sin embargo, pronto se extendió la teoría del asesinato: el conquistador extremeño se convirtió entonces en el principal sospechoso.

La acusación no pudo probarse. El cuello presentaba marcas a su alrededor, pero no estaba claro que se debieran a un estrangulamiento. ¿Cómo interpretar, por otra parte, el collar roto? Los partidarios de Cortés no tardaron en señalar la mala salud de la difunta, víctima de problemas cardiacos, pero no pudieron eliminar la sombra de la duda. En su crónica, al tocar este punto, Díaz del Castillo cambia enseguida de tema, visiblemente incomodado por la polémica.

A un mexicano insigne, José Vasconcelos, gran admirador de Cortés, no le cabía en la cabeza la culpabilidad de su héroe. Si hubiera existido el delito, a buen seguro que un hombre de su intensa religiosidad lo hubiera confesado. Antes que reconocer alguna falta en su ídolo, Vasconcelos insinúa que fue Catalina la culpable de que el matrimonio, tras su reencuentro, no se aviniera.

Otros biógrafos han demostrado parecidos apriorismos. No parece muy riguroso descartar la presunta culpabilidad de Cortés como hace Richard Lee Marks, con el argumento extravagante de que a un caballero español del siglo XVI no se le hubiera ocurrido jamás cometer un uxoricidio. Para este biógrafo norteamericano, todo se reduce a un asunto de comentarios maledicentes. Hugh Thomas, por su parte, cree que la falta de remordimientos del conquistador avala su inocencia, punto de vista que exige, en todo caso, un acto de fe.

Curiosamente, la Malinche se encuentra entre las mujeres que se ocupan de amortajar a la fallecida. La hipotética escena despierta, inevitablemente, el morbo de los historiadores. ¿La amante frente a la mujer legítima? Cortés tenía en esos momentos muchos enemigos, los mismos que se ocuparon de presentarlo como un uxoricida, pero ninguno de ellos sugirió que tuviera en esos momentos una relación impropia con Marina. Tampoco que las dos mujeres hubieran coincidido en alguna ocasión.

Algunos años después, en el juicio de residencia a Cortés, surge de nuevo el tema del asesinato de Catalina. Su madre, disconforme con la versión oficial, acusa a su antiguo yerno. Pero el asunto de nuevo queda en nada, sea por falta de pruebas o porque Hernán Cortés, entonces marqués de Oaxaca, es un hueso demasiado duro de roer para la justicia.

En la actualidad seguimos sin saber a ciencia cierta lo que ocurrió. ¿Asesinó el extremeño a su esposa para casarse con una mujer de posición social más elevada? Tal vez, pero en ese caso sorprende que tardara casi siete años en contraer otro matrimonio. ¿Murió Catalina de un síncope, como sostiene Hugh Thomas, mientras su marido procuraba reanimarla?

Sucediera lo que sucediera, no le debió guardar un luto sincero. Su furor erótico lo lleva a protagonizar un sinfín de aventuras, como buen «macho ibérico». Se sabe que estuvo con una española, de la que ni siquiera conocemos el nombre con seguridad. ¿Elvira? ¿Antonia? ¿Leonor? Da lo mismo. Para él sólo es importante porque le da otro hijo varón, Luis.

Sus enemigos, siempre al acecho, lo acusarán de poseer un auténtico harén, con mujeres sobre todo indias, aunque también castellanas. Para escándalo de sus contemporáneos, se acostaba con ellas sin preocuparse por si eran parientes entre sí. «Muy notorio se ha dicho que con primas y hermanas», declarará uno de sus contrarios, indignado ante la conducta hipócrita de alguien que, de cara al exterior, pasa por buen cristiano.

Cortés, por naturaleza, es un depredador sexual. Necesita compulsivamente las relaciones carnales. Christian Duverger ha intentado racionalizar esta conducta, que ya en la época pareció a muchos desordenada, interpretándola en términos políticos. El conquistador no habría hecho más que imitar la poligamia de los indios, con vistas a legitimar su propia posición ante ellos. La realidad, sin embargo, es más pedestre. Su actuación se explica por el ansia impetuosa de mujeres, que para él parecen seres desprovistos de sentimientos.

## EL PADRE, LA MANO DERECHA

Mientras Hernán Cortés se hallaba en México, su padre, Martín, velaba por sus intereses en España. María del Carmen Martínez, editora de sus cartas, ha subrayado cómo llevaba una actividad frenética para informar a las personas indicadas, en busca de apoyos, o se introducía en los círculos del poder cada vez que era necesario defender a su hijo, oponiéndose, por ejemplo, a las intrigas del gobernador de Cuba, Diego Velázquez, su mortal enemigo. Asimismo, debía ocuparse de solicitar diversas mercedes, fuera el derecho a nombrar cargos públicos o la concesión del hábito de la Orden de Santiago. Una cosa importaba muy por encima del resto: obtener la «gobernación» de las nuevas tierras. Desde el punto de vista de Cortés, todos estos privilegios constituían una justa compensación por sus hazañas al servicio de la Corona, en las que había hecho frente a cuantiosos gastos sufragados a su costa.

Además de ser su mejor abogado, Martín se preocupó de enviarle a la Nueva España todo lo que pudiera necesitar, desde pólvora y plomo a telas o aceite. Estaba convencido de que nadie que no fuera de la familia podía ocuparse de ciertos asuntos con la prontitud y la eficacia requeridas. Hernán demostró poseer esta misma mentalidad, al confiar en sus múltiples parientes para misiones delicadas.

# 8

# El corazón de las tinieblas

Después de la conquista del Imperio azteca, Hernán Cortés está dispuesto a todo menos a quedarse quieto. Al contrario, planea ya nuevas expediciones. Por ambición, por deseo de aventura, pero también por motivos políticos. Si ha conseguido llegar hasta donde está, es porque se ha impuesto a capitanes indisciplinados. Ahora, con la paz, no puede dejarles tiempo libre para que se dediquen a conspirar y pongan en peligro su preeminencia. Así, colocando a estos hombres turbulentos al frente de nuevas misiones, los mantiene ocupados y se evita problemas.

El siguiente objetivo de los españoles es alcanzar el Pacífico, el «mar del Sur», como entonces se lo conocía. Se trata de hallar una ruta más rápida para llegar a las Molucas o islas de las Especias. Así, en 1522, apenas un año después de la toma de Tenochtitlán, Cortés escribe a Carlos V manifestando su sueño de «hallar muchas islas ricas de oro y perlas y piedras preciosas y especería». Para conseguir este propósito, su primera decisión es enviar a cuatro de sus hombres, escoltados por indios amigos. Se encargarán de tomar posesión del mar que encuentren en nombre del rey. Así, dos de ellos recorrieron ciento treinta y cinco leguas, sin hallar contratiempos, hasta llegar a la costa occidental de la Nueva España. La otra pareja también alcanzó su destino, sólo que a través de una ruta más larga.

Poco después, Cortés recibía noticias de un tercer punto del Pacífico mexicano. Por entonces había dado órdenes de construir cuatro barcos con los que explorar el nuevo océano. Una tarea difícil, porque... ¿de dónde iba a sacar todos los materiales necesarios? Hacían falta velas, clavos, áncoras... Sólo podía aprovisionarse en España y eso, en aquellos momentos, resultaba complicado por las distancias y las comunicaciones. La situación se complicó cuando un incendio destruyó los aparejos y hubo que esperar a que llegara un navío de Castilla a reponer lo perdido.

Naturalmente, nuestro hombre no duda en adjudicarse todo el mérito: «Por la relación que ahora envío, verá vuestra majestad la solicitud y diligencia que yo he puesto en descubrir la mar del Sur». No sin mesianismo, lo que ofrece a su soberano son más reinos con los que acrecentar su poder hasta límites insospechados. Si él tiene éxito, a Carlos no le quedará «más que hacer para ser el monarca del mundo».

En la Corte de España, mientras tanto, se siguen sus progresos con mucho interés. El emperador quiere estar puntualmente informado acerca de sus exploraciones, con vistas a dar con el paso que comunique el Atlántico con el Pacífico. Magallanes había descubierto ya el estrecho de su nombre, en el extremo más meridional de América. Cortés tuvo la noticia, aunque con un retraso considerable. Ello lo animó a buscar, en el hemisferio norte, otra vía con la que poner pie en el Extremo Oriente asiático. Su objetivo estaba claro: alcanzar la tierra de las Especias, es decir, el archipiélago de las Molucas, y hacerlo en el menor tiempo posible. En una de sus relaciones, explica las enormes ventajas que van a derivarse de su proyecto:

> [...] Siendo Dios Nuestro Señor servido que por allí se topase el dicho estrecho, sería la navegación muy buena desde la Especería, para estos reinos de vuestra majestad, muy buena y muy breve; y tanto que sería las dos tercias partes menos que por donde ahora se navega, y sin ningún riesgo ni peligro de los navíos que fueren y vinieren, porque irían siempre y vendrían por reinos y señoríos de vuestra majestad.

A Cortés, como si fuera un capitalista del siglo xix, sólo le falta decir que «el tiempo es oro». Lo que propone implica un cambio revolucionario en el tráfico mercantil, al suponer una reducción brutal en la duración normal de los viajes, que se vería disminuida en bastante más de la mitad. Se trataba de evitar la penosa obligación de dirigirse al extremo sur del continente para cruzar el estrecho de Magallanes, el único conocido. Los navíos españoles podrían comerciar sin mayores problemas, al no tener que adentrarse en dominios extranjeros y potencialmente hostiles.

Guiado por esta visión esplendorosa se entregó a una actividad febril. Uno de sus capitanes, Gonzalo de Sandoval, le trajo noticias de Cihuatán, una isla rica en perlas y oro que los españoles supusieron habitada en exclusiva por mujeres. Las féminas acudían a tierra firme para tener relaciones sexuales y reproducirse. Cuando daban a luz, sólo aceptaban a las niñas. A los niños, en cambio, los mataban. Como podemos comprobar, el eco del mito griego de las amazonas es patente. Una leyenda que los castellanos de la época conocían a través de un libro de caballerías popularísimo, las *Sergas de Esplandián*, de Garci Rodríguez de Montalvo. León-Portilla apunta las semejanzas entre esta novela y los informes de los exploradores hispanos. ¿Fruto de la casualidad?

A su vez, otros dos de los mejores hombres de Cortés, Pedro de Alvarado y Cristóbal de Olid, partieron a la búsqueda de nuevas tierras. En sus instrucciones, el descubrimiento del ansiado estrecho ocupaba un puesto claramente prioritario. Alvarado cree estar a punto de hallarlo, confiado en noticias que le hacen creer que puede encontrarlo a pocas jornadas. Su esperanza no llegará a cumplirse, pero, a cambio, ocupará la región de Guatemala.

## LA SOMBRA DE LA TRAICIÓN

Olid, mientras tanto, se dirige a las Hibueras, es decir, a la actual Honduras, así llamada por sus aguas profundas. A primera vista, la elección de Cortés parece acertada. Ha entregado el mando a uno de sus capitanes más valerosos, por no decir temerarios. «Era a la vez un tigre y un león», dice con toda justicia un biógrafo. Se había distinguido en el combate contra Narváez y más tarde en la Noche Triste. Además, había salvado a su jefe durante el asedio de Tenochtitlán, al rescatarlo de un violento ataque azteca.

Es entonces cuando el extremeño comete una imprudencia notable. Como la expedición necesita caballos, pide a Olid que vaya a buscarlos a Cuba. ¡Como si eso no fuera exponer su rebaño a la codicia del lobo! En la isla caribeña, el gobernador, Diego Velázquez, espera ansioso la hora de la venganza. Por eso anima al recién llegado a que le haga a Cortés lo mismo que Cortés le hizo a él al iniciar la conquista de México, robándole descaradamente el protagonismo,

Cristóbal de Olid

aunque, en este caso, exista una diferencia notable: el nuevo aspirante al poder no se jugaba su propio dinero, como sí hizo nuestro protagonista.

En un principio todo se ajusta a lo planeado. Olid toma posesión del territorio en nombre del Rey y, siguiendo el *modus operandi* característico de los conquistadores, funda una nueva ciudad, la Villa del Triunfo de la Cruz. Sin embargo, empieza a actuar por su cuenta, olvidando que está donde está en representación de Cortés. Cuenta para ello con el apoyo de varios de los antiguos hombres de Narváez, descontentos con la adjudicación del botín.

Aunque trate de repetir su jugada, dista mucho de ser Cortés. En su crónica, Díaz del Castillo lo juzga con severidad: reconoce, por un lado, que era un hombre valiente, pero lo critica por su escasa prudencia. Dicho de otra forma: servía para ser mandado, pero no para mandar. Según el autor de la *Historia verdadera,* se dejó influir por haber sido criado de Velázquez en su juventud, aunque no por eso tenía excusa. A quien debía gratitud era a Cortés, no a ningún otro.

El coraje de Olid va a resultar inversamente proporcional a su inteligencia. Su carácter soberbio le ciega, sus éxitos le hacen creer que nadie puede detenerlo. No duda de que nuevas hazañas y riquezas le aguardan. Se convierte así en el único de los capitanes de Hernán Cortés que se vuelve en su contra, lo que viene a confirmar las dotes de liderazgo de este último.

Para darle una lección, su antiguo comandante envía a uno de sus lugartenientes, Francisco de las Casas, del que se fía por el parentesco que los une, al frente de cien soldados. Las Casas conseguirá vencer al rebelde en la batalla naval de Triunfo, pero sus barcos acaban naufragando, víctimas de la tempestad, porque lo que cae en manos del enemigo.

El de Medellín, mientras tanto, se retuerce de impaciencia. No tiene noticias de las Hibueras ni ganas de proseguir con una espera interminable. Duda de si ha enviado a la persona idónea y considera que es mejor que sea él mismo quien haga el trabajo. Cegado por la cólera, ansioso por dar un escarmiento al traidor, no sabrá medir adecuadamente las consecuencias. Se pone entonces al frente de una catastrófica expedición de castigo, organizada sin el más elemental sentido común.

## HACIA LA BOCA DEL LOBO

Varias personas intentaron convencerlo de que se quedara en Ciudad de México. Su lugar estaba allí, al frente del Gobierno, no metiéndose en aventuras inciertas. Si se marchaba, el país se exponía a un alzamiento de los indios de irremediables consecuencias, vista su manifiesta hostilidad hacia sus nuevos dominadores. «Siempre andaban llorando la muerte de sus padres, la prisión de sus señores y su cautiverio», escribe López de Gómara.

Impermeable a cualquier argumento, el de Medellín optó por seguir adelante. Para tranquilizar a la gente de su entorno, afirmó que sólo iba a emprender un trayecto limitado. Como en otras ocasiones, su habilidad para el disimulo oculta sus verdaderas intenciones. Lo cierto es que va a hacer lo que tiene en la cabeza desde el principio. Se siente obligado a dar un escarmiento cuanto antes porque teme que, si no le da su merecido a Olid, otros capitanes puedan seguir su mal ejemplo, de manera que la Nueva España se desintegre en un mar de anarquía y luchas de todos contra todos. ¿Es eso lo que piensa realmente? ¿O tal vez lo que hace es racionalizar un irreprimible deseo por lanzarse a la aventura, más allá de la vida fácil?

José Vasconcelos apuntó, lúcidamente, la existencia de un motivo íntimo: «La ira movió al gran capitán, pero también debe haberle impulsado su ambición insaciable de horizonte». Y es que, efectivamente, Cortés no era de los que permanecen en el hogar para gozar tranquilamente de lo ganado. Él mismo, en carta al emperador Carlos V, afirmó que ya era hora de retomar la actividad: «Me pareció que ya había mucho tiempo que mi persona estaba ociosa y no hacía cosa nuevamente de que vuestra majestad se sirviese, a causa de la lesión de mi brazo, aunque no más libre de ella, me pareció que debía entender en algo y salí de esta gran ciudad de Tenuxtitán».

Algunos biógrafos, sin embargo, no lo creen. Para Lucena Salmoral, su auténtica motivación era descubrir en persona las minas de oro que supuestamente existían en la región, región donde, por otro lado, supuestamente existía un estrecho que unía el Atlántico con el Pacífico. «Su creencia obviamente procedía de informes indígenas y antes de partir llevaba un mapa hecho por los indios de Tabasco y Xicalanco, en el que constaba todo el itinerario hasta Nacay, Nito y aún Nicaragua».

Antes de iniciar la marcha, el 12 de octubre de 1524, comete un error de bulto, destinado a tener consecuencias desastrosas. Divide el poder, con lo que planta la semilla de futuras discordias. Al licenciado Alonso de Zuazo, un hombre de acreditada competencia en la administración colonial, lo nombra juez mayor y le entrega el gobierno municipal de Ciudad de México. En esto, la elección ha sido justa. Pero, por desgracia, quienes manden de veras en su ausencia serán dos incompetentes, Alonso de Estrada, lugarteniente del gobernador, y Rodrigo de Albornoz, capitán general. A ellos se deberá el espectáculo bastante penoso de sus continuas peleas.

Durante las primeras etapas del trayecto todo parece ir bien. Aquí y allá, nuestro hombre disfruta de la gloria, con recibimientos en los que no faltan festejos por todo lo alto. Ignora que Albornoz, mientras tanto, le calumnia ante la Corona, a través de cartas que envía a España con un lenguaje cifrado. En ellas, el extremeño aparece como un vasallo de dudosa lealtad, muy capaz de rebelarse en cualquier momento contra su legítimo soberano.

Como suele suceder en estos casos, él cree hallarse aún en la plenitud de sus facultades. Sin embargo, ahora ya no es el militar rápido de movimientos, capaz de sorprender a sus enemigos con sus golpes audaces. Más bien todo lo contrario: las victorias se le han subido a la cabeza y viaja como un gran señor, acompañado de los múltiples lujos que considera inherentes a alguien de su elevada posición. Así, su tropa acaba asemejándose a una especie de circo, en el que se desplazan desde el mayordomo a los músicos y los pajes, sin que falten un acróbata y un titiritero.

Puesto que además de divertirse hay que comer, la manutención viene asegurada por la piara de cerdos que los acompaña, unos animales muy apropiados por su resistencia para hacer grandes distancias, que además presentaban la estimable ventaja de reproducirse prolíficamente. Se ha conjeturado que de ellos podrían descender los especímenes que en la actualidad habitan en las montañas del Yucatán.

Los indios le aconsejaron que se desplazara a su punto de destino, la provincia de Chilapán, por vía fluvial. Ellos, según le dijeron, sólo sabían ir allí en canoa, a través de los ríos. En cambio, ignoraban la ruta terrestre.

Cortés, seguramente, lamentó hacer oídos sordos a sus indicaciones. Desestimó la propuesta porque deseaba llevar consigo a muchísima gente, algo que en barco resultaba del todo impracticable. Había imaginado una operación rápida y sin problemas, por lo que tenía previsto hallarse de regreso en poco tiempo. No entraba en sus planes adentrarse en la selva virgen, ni exponerse a los estragos del hambre, pero eso será lo que acabe sucediendo. Cuando quiere encontrar un camino, el resultado es que no da con ninguno. Se halla en una situación kafkiana, imposibilitado de llegar a parte alguna.

Las penalidades no hacen otra cosa que multiplicarse. Sus hombres tienen sed, hambre y desesperación.

La selva hondureña

Según su propio relato, se hallaban «más muertos que vivos». Ninguno esperaba que fuera posible salir con vida de aquel trance.

No había supuesto que iba a enfrentarse con un entorno hostil, en el que las ciénagas, «grandes y espantosas», parecían imposibles de franquear. Lo mismo que los ríos o las junglas, donde el cocodrilo o la serpiente escondían mortales peligros. Más de un conquistador, empezando por Bernal Díaz del Castillo, debió de preguntarse qué hacía metido en aquel agujero, en lugar de disfrutar plácidamente de lo que había ganado con tanto esfuerzo. De hecho, se encontraban en un medio tan salvaje que incluso el viajero del siglo XXI tiene problemas para atravesarlo, tal como nos explica Richard Lee Marks: «Aún hoy cuesta atravesar el sur del Yucatán con un vehículo todoterreno. La lluvia barre continuamente los puentes y los caminos de tierra. A menudo hay que conducir por la grava de los cauces de los ríos, cuando se ha secado el agua, soportando demoledores vaivenes».

Pero los obstáculos no los impone únicamente la naturaleza: los nativos de la zona se oponen a su paso con una táctica de tierra arrasada, incendiando sus propios pueblos para impedir que los blancos puedan aprovisionarse, o bien para escapar de su furor, ya que se había extendido la noticia de que los españoles habían incendiado «muchos pueblos». Es lo que sucede, por ejemplo, cuando por fin llega a Chilapán: «Hallamos todo el pueblo quemado y los naturales de él ausentados», le cuenta Cortés a Carlos V en su quinta carta de relación. En Tapetitán se repetirá la historia: cuando busca quien le pueda informar sobre cómo proseguir su trayecto, no encuentra «sino un hombre y ciertas mujeres». Por ellos sabrá que los habitantes de la zona han escapado a las montañas.

Sin darse cuenta, el conquistador extremeño se ha metido en la boca del lobo, en mitad de un universo de pesadilla, donde cada avance se vuelve un constante martirio, donde a veces hay que caminar con el agua hasta la cintura. Y siempre con la presencia insoportable de los enjambres de mosquitos. Regresar, en esos momentos, no entraba en la categoría de proyectos viables. Sólo algunas veces podía continuar, pero marchaba sin guías, completamente a ciegas; cuando las tiene, su orientación no es mucho mejor. Los indios acaban confesando que no saben a dónde van. ¿Lograría salir de aquel laberinto?

## UNA EJECUCIÓN POLÉMICA

Por el camino, en un lugar llamado Itzamkanac, Cortés manda ejecutar a Cuauhtémoc, su prisionero, colgándolo de un árbol. Lo ha llevado con él, lo mismo que muchos notables aztecas, para evitar que tengan la tentación de rebelarse en su ausencia. Pero, durante el viaje, uno de sus informantes detecta una supuesta conspiración. El emperador rehén proyecta matar al jefe de los hombres blancos y regresar a México, donde intentará una sublevación. Sin embargo, una fuente hispana, Bernal Díaz del Castillo, rechaza que la sentencia fuera equilibrada: «Fue esta muerte muy injustamente dada, y pareció mal a todos los que íbamos aquella jornada». Poco antes de ser ahorcado, el soberano habría reprochado al extremeño su mal proceder: «Oh, Malinche: días había que yo tenía entendido que esta muerte me habías de dar y había conocido tus falsas palabras, porque me matas sin justicia».

Según Díaz del Castillo, a Cortés no se le escapaba el atropello cometido. De ahí que los remordimientos no le dejaran dormir. Será en uno de estos momentos de insomnio cuando sufra un accidente en el que recibe un fuerte golpe en la cabeza.

¿Qué sucedió realmente? ¿Un trágico malentendido, tal vez? No hubiera sido extraño, por las diferencias de idioma y de mentalidad, que los españoles malinterpretaran a los aztecas. Hay quien va más allá y se pregunta si Cortés fabricó a sabiendas un complot inexistente con el que justificar la eliminación de Cuauhtémoc. Pero no todos los historiadores, incluidos algunos mexicanos, están de acuerdo en declararlo culpable. Para Carlos Pereyra, por ejemplo, su decisión se justificaba por una necesidad militar. Había que abortar enérgicamente una peligrosa rebelión: el de Medellín, jefe responsable a fin de cuentas, habría hecho lo correcto para proteger las vidas de los suyos. Matar o morir, esa sería la elección. Más tarde, otro autor mexicano, Vasconcelos, daría la razón a Pereyra.

Es posible que estos autores estén en lo cierto. Existe una crónica maya, citada por Matthew Restall, en la que Cuauhtémoc se dirige al cacique de Itzamkanac, Paxbolonacha, para advertirlo de que tenga cuidado con

Monumento a Cuauhtémoc. Se encuentra en el Paseo de la Reforma, en México D.F.

los españoles. Cualquier día van a matar a su pueblo. Por eso mismo, le propone una alianza en su contra con el fin de exterminarlos. Paxbolonacha, sin embargo, no se decidió a aceptar. Evaluó el comportamiento de los castellanos y observó que sólo reclamaban alimentos. Su sentido del honor le impedía ser hipócrita con aquellos extranjeros, fingiendo hospitalidad mientras conspiraba a su espalda. Ante la insistencia del emperador azteca, optó por prevenir a Cortés.

Pese a los indicios, no poseemos la completa certidumbre de que Cuauhtémoc intentara algo. En cualquier caso, lo que llama la atención es la inactividad de sus guerreros, que no mueven un dedo para salvarlo. ¿Por qué? ¿A qué se debía una mudanza tan rápida en su lealtad? En su momento, habían combatido heroicamente por defender Tenochtitlán. ¿Por qué no se atrevían ahora a dar la vida por su soberano? Quizá, de tan disciplinados, les faltó iniciativa. Tal vez esperaban la orden de su señor que nunca llegó.

## OTRO DESASTRE A LA VUELTA

Las infinitas penalidades, finalmente, no sirvieron de nada. Al llegar a un poblado español, los expedicionarios se enteran de que Olid hace meses que ha muerto. Francisco de las Casas, aprovechando su exceso de confianza, había conseguido apresarlo. Juzgado sumariamente, afrontó el hacha del verdugo con su acostumbrada intrepidez. «Así feneció su vida por tener en poco a su contrario», sentenciará López de Gómara en su imprescindible *Historia de la conquista de México*.

En la capital de la Nueva España, mientras tanto, se extiende el rumor de que Cortés y sus hombres han muerto. Es lo que desean sus enemigos, dedicados con entusiasmo a tiranizar el país. De ahí que animen a las esposas de los desaparecidos a buscar nuevos maridos, a veces incluso a la fuerza. Tal es el caso de una mujer que se negó con todo su empeño a contraer matrimonio, convencida como estaba de que su marido aún vivía. Y así era. Pero, en esos momentos, las víboras que gobiernan la capital mexicana sólo piensan en dedicar honras fúnebres a los conquistadores supuestamente fallecidos. Han de pasar por esta formalidad indispensable para proceder inmediatamente después al reparto de sus bienes, indios incluidos. De hecho, casi se salieron con la suya porque Cortés, víctima de unas fiebres altísimas, estuvo a punto de morir. Incluso tenía lista la mortaja con la que deseaba ser enterrado, un hábito de san Francisco. Nada extraño: como hemos visto en el capítulo anterior, su relación con la orden del pobre de Asís fue muy estrecha.

Así las cosas, cuando por fin recibe noticias de la antigua Tenochtitlán, se ve confrontado a una situación desoladora. En su ausencia, sus contrarios se han dedicado a segarle la hierba bajo los pies, a la vez que maltrataban a sus partidarios, despojándolos de sus propiedades o incluso condenándolos a muerte. Ante la magnitud del desastre, Cortés, un hombre duro, está a punto de derrumbarse. Se le saltan las lágrimas de tristeza. «Comenzó a sollozar», dice un cronista. No puede evitar culparse a sí mismo, por su imprudencia al otorgar el mando a las personas menos indicadas: «Yo me lo merezco, que hice honra a desconocidos, y no a los míos».

Su loca aventura no le rindió ningún beneficio en términos de riqueza o poder, pero salió vivo de una odisea formidable, en la que se enfrentó a mil y un obstáculos, estuvo a punto de perecer y recibió una dura lección de humildad. El Cortés que salía del viaje era un hombre diferente al que lo había iniciado. No en vano, apunta John H. Elliott, a su regreso ha pasado por «una profunda prueba religiosa, por la que ha podido sentir al mismo tiempo su propia indignidad y el poder infinito de Dios». Antes, en efecto, su confianza en sí mismo para superar cualquier dificultad, por grande que fuera, no conocía límites. Ahora, la experiencia le ha enseñado la debilidad de todo ser humano, por lo que ya no se muestra tan dispuesto a tentar al destino con acciones temerarias. Está convencido de que sólo es posible superar ciertas adversidades con la ayuda de Dios, porque sin ella de nada sirve el esfuerzo personal.

De todas formas, la valoración del historiador, que conoce el largo plazo, no tiene por qué coincidir con el lógico pesimismo del protagonista. En cierto modo, puede decirse que había llevado a cabo una gran hazaña. Así lo entendió, entre otros, Cunninghame Graham:

> El récord que significan estas mil quinientas millas recorridas a través de pantanos y desiertos, en medio de selvas impenetrables, y montañas que hasta entonces nunca fueron escaladas por el hombre, las luchas constantes, el continuo debatirse contra los rigores del clima, y la construcción de puentes sobre ríos profundísimos y torrentosos, son cosas que requieren de valor a la par que paciencia y resistencia para las penurias.

La noticia de que está vivo reanima a sus partidarios, que recuperan con un golpe de mano la autoridad sobre la colonia. Regresa entonces entre la alegría general de una población cansada de continuos abusos. Los indios, a su paso, le entregan todo tipo de presentes, oro, plata, bordados, plumajes... En otro tiempo se hubiera recreado con el recibimiento, pero, por sorprendente que parezca, su primera preocupación es la de recluirse en un convento, franciscano, naturalmente. En el recogimiento de sus muros, pasa seis días, en los que se dedica a dar cuentas a Dios por sus pecados. Atraviesa, sin duda, una profunda crisis espiritual.

A nadie se le escapa, mientras tanto, la cruda realidad: su influencia política ya no es la que era, sobre todo cuando la justicia real le da un golpe de gracia al suspenderlo de sus funciones. Para redondear las calamidades, desde España llega el licenciado Luis Ponce de León, encargado de someterlo a juicio de residencia, el procedimiento habitual por el que un gobernante debía dar cuenta de su mandato. No pudo, sin embargo, cumplir con su misión. Murió enseguida, el 20 de julio de 1526. Los rumores apuntaron a un posible asesinato, del que se hizo responsable a Hernán Cortés. Pero dos médicos, Cristóbal de Ojeda y Pedro López, aseguraron bajo juramento que la defunción se había producido por causas naturales. Algunos años después, Ojeda se desdijo y declaró que en ese momento no dijo la verdad, al sentirse intimidado. ¿Cómo atreverse a testificar contra un hombre poderoso? En realidad, el veneno habría acabado con Ponce de León. Obviamente, una de sus dos versiones tuvo que ser falsa.

Las sospechas de una conspiración de silencio se acrecentaron cuando el nuevo juez, Marcos de Aguilar, falleció también al poco tiempo. El hecho de que fuera un hombre anciano y enfermo, que sólo se alimentaba con la leche de una nodriza, no contó para nada a ojos de los maledicentes.

## MISIÓN DE RESCATE

Cortés escribió a Carlos V, en su descargo. Por esas fechas, el emperador le ordenó que enviara barcos a las Molucas, donde se habían extraviado cincuenta y siete españoles que iban en la *Trinidad,* la nave capitana de Magallanes durante la expedición que dio la primera vuelta al mundo, de los que no se sabía nada. Dos armadas habían partido en su busca destinadas a encontrar a los desaparecidos, pero sobre todo a poner las islas bajo control de la Corona de Castilla, que en esos momentos se disputaba con Portugal la posesión de aquellos territorios de tan inmenso valor comercial. La primera expedición, comandada por García de Loaysa, acabó en un desastre y el propio jefe murió. La segunda, bajo la dirección de Sebastián Caboto, realizó algunas exploraciones sin demasiada transcendencia. Pero en esos momentos, en España, aún se desconocía el resultado de sus respectivos periplos.

A Cortés, por tanto, le tocaba un difícil cometido, hallar a Loaysa y a Caboto al tiempo que consolidaba

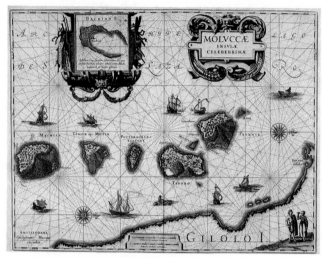

Mapa de las islas Molucas, 1630

las rutas mercantiles entre México y Extremo Oriente. Es curioso, como apunta León-Portilla, que diera por supuesto que la distancia hasta la especería fuera menor que la real, pese a los descubrimientos geográficos que ya se habían efectuado. Como no iba a embarcarse en la aventura personalmente, tuvo que escoger como capitán a un hombre de su confianza. ¿Dónde hallarlo? En su círculo familiar, como tantas otras veces. Álvaro Saavedra Cerón, pariente suyo, fue el elegido. Entre las detalladas instrucciones que recibió figura un punto acerca del cuidado de la moralidad. No debía permitirse el juego de naipes ni la presencia de mujeres que distrajeran a la tropa. «¡Consejos vendo y para mí no tengo!», le podríamos espetar al conquistador, él mismo un donjuán incorregible y un jugador próximo a la ludopatía.

Con su habitual minuciosidad, el de Medellín preparó hasta el más mínimo aspecto, sin olvidar la búsqueda de intérpretes de árabe y bengalí, esenciales en la parte de Asia a la que se dirigirían sus tres navíos. Como fiel vasallo, estaba dispuesto a no ahorrar esfuerzos para cumplir la voluntad de su rey. Sus enemigos, sin embargo, iban a procurar por todos los medios que se estrellara en el intento. Así, los mismos que debían procurarle todos los recursos posibles se afanaron en segarle la hierba bajo los pies, colocando en su camino toda clase de dificultades. Sobre todo privándolo de los hombres necesarios, por lo que no pudo hallar marineros sino pagándolos casi a precio de oro.

## Regreso a España

Desde la caída del Imperio azteca, la vida de Hernán Cortés parece una carrera de obstáculos contra la adversidad. En 1527 sufre otro importante revés, al ser desterrado de Ciudad de México. El gobernador, Alonso de Estrada, lo expulsó tras la disputa que ambos tuvieron a propósito de uno de los hombres de Gonzalo de Sandoval, buen amigo de Cortés, que había acuchillado a un soldado de Estrada. Este, indignado, hizo cortar la mano del culpable. ¿Por justicia? No. Se limitaba, en realidad, a defender a uno de los suyos. Lo mismo hizo Cortés, al recriminarle al gobernador su severidad. Desde una mentalidad aún con fuertes elementos medievales, su obligación de gran señor estribaba en velar por todos aquellos que le servían. Tuvieran razón o no la tuvieran.

No podía salir de su asombro. Lo desterraban de la misma capital que él había ganado a costa de tantas muertes. Con todo, acata con disciplina una decisión que juzga escandalosamente arbitraria. No piensa rebelarse y dar la razón así a los que desean su perdición. Se ha enfrentado a muchas personas influyentes que no dudan en presentarlo como un hombre peligroso. Le reprochan, por ejemplo, la riqueza inaudita que él sólo ha llegado a reunir. Según ellas, acumula en solitario el control de tres cuartas partes de México. Peor aún, conspira para proclamarse rey, aunque también otros dicen que planea huir a Francia. Aunque los cargos son incompatibles entre sí, nadie repara en esas minucias. Sólo cuenta la operación de acoso y derribo.

Para contrapesar el poder del conquistador, la Corona había puesto el gobierno de México en manos de la Audiencia, un tribunal que concentraba funciones ejecutivas y judiciales, del que formaban parte algunos enemigos declarados de Cortés. Sin embargo, según Brendecke, la división interna del grupo hizo imposible que se opusiera con eficacia al extremeño. Además, a su fraccionamiento había que unir el descrédito por los excesos de sus miembros. Bien por su inmoderado afán de riquezas, bien por la violencia con la que trataron a la población india.

Decidido a defender su causa, Cortés parte para España en 1528, convencido de que ciertos temas es mejor tratarlos cara a cara. Lo acompañan varios caudillos indígenas, entre los que no faltan un hijo del mismísimo Moctezuma, llamado Pedro de Tlacahuepan tras su bautismo, y dos nobles tlaxcaltecas. Naturalmente, su presencia no obedece a un mero capricho. Responde, señala Bartolomé Bennassar, a una calculada maniobra política: conseguir que la aristocracia indígena conozca de primera mano la grandeza y el poder de la monarquía hispana. Así trasmitirán una imagen deslumbrante a los suyos.

Consciente del poder propagandístico de la imagen, Cortés sabe que debe aparecer como un gran señor, algo que implica llevar a Carlos V regalos que lo impresionen con su fastuosidad. Se entrevistará con él dos veces. En la segunda ocasión, el César le hará el honor de visitarlo en Toledo, mientras se halla convaleciente de una grave enfermedad.

Quiere vindicar su nombre, maltratado por sus adversarios, pero también tiene otros motivos para emprender el viaje. Su padre, Martín, ha muerto. Con él no sólo pierde a un amigo, también a un importantísimo valedor en la Corte, que durante los últimos años se había preocupado de realizar todo tipo de gestiones. Entre ellas, la de buscarle novia, porque cuenta ya con una edad madura y es el momento de que tenga descendientes legítimos a los que transmitir su patrimonio. La elegida, finalmente, será Juana Ramírez de Arellano y Zúñiga, hija del conde de Aguilar y sobrina del duque de Béjar, uno de sus más importantes protectores ante el emperador. Naturalmente, lo que importa no son sus prendas personales sino el vínculo con la aristocracia, con lo que eso implica en términos políticos. Desde ese punto de vista, la jugada era impecable. La fortuna de la dama, en cambio, tenía una importancia secundaria. El conquistador de México tiene muy claro que, si debe elegir, antepondrá la honra a la hacienda.

Las cosas, en principio, no van mal. El soberano le agradece los grandes servicios prestados, merecedores de una sustanciosa recompensa, la concesión del marquesado del Valle de Oaxaca. El hidalgo extremeño, de esta forma, se convierte en señor de más de veinte mil vasallos, sobre los que ejercerá la jurisdicción civil y la criminal. Fijará impuestos y será el dueño de bosques y aguas. Y, detalle fundamental, podrá transmitir estas posesiones a sus herederos. Obtiene, además, el cargo de capitán general y algo tanto o más importante, la autorización para descubrir nuevos territorios. La Corona, siempre con problemas económicos, precisa un tanto cicateramente que será el propio Cortés quien deba correr con los gastos: «Todo a vuestra costa». Suyo será el desembolso, pues, pero si tiene éxito recibirá el gobierno vitalicio de todas las tierras que descubra y conquiste.

Aunque parece que la monarquía le da la razón frente a sus contrarios, el reconocimiento tiene un límite. Carlos se guarda mucho de restituir a su brillante pero incómodo vasallo el título de gobernador de la Nueva España. Cuando Cortés le insiste en que se le otorgue el control político, argumentando que así se facilitarán nuevos hallazgos geográficos, obtiene una respuesta imperativa. Debe contentarse con lo que tiene.

Había alcanzado múltiples concesiones, pero se veía sin lo que más deseaba, el poder. Seguramente, presionó tanto a Carlos V que este acabó cansado de tanta persistencia. «El emperador nuestro señor no le quiso más oír, por más que le importunaba sobre la gobernación», apunta Díaz del Castillo. Debió de pensar que aquel extremeño ambicioso no tenía motivo de queja, ya que le había otorgado un marquesado de altísimas rentas.

Existía, además, otro inconveniente de peso para Cortés: la falta de simpatía de Francisco de los Cobos, secretario del emperador. Tal vez su actitud se debiera al despecho de su esposa, María de Mendoza, que se había hecho la ilusión de casar su hermana Francisca con el conquistador. Ambas habían quedado deslumbradas por aquel seductor, dueño de una inmensa fortuna, que las había agasajado con carísimos regalos. Para el extremeño, seguramente, aquel galanteo no pasaba de un juego divertido que le permitía exhibir sus riquezas. Ellas, sin embargo, debieron tomarlo en serio. No imaginaban que estaba comprometido en firme con Juana de Zúñiga, por lo que su decepción resultó tan considerable como su anterior entusiasmo.

De todas formas, la razón de fondo del fracaso de Cortés no hay que buscarla en antagonismos personales sino en la línea política de la Corona. Ningún conquistador debía siquiera imaginar que sus méritos militares obligaban al Rey a entregarle el poder político.

# 9

# De fracaso en fracaso

Mientras Cortés se hallaba en Europa, en la Nueva España imperaba la anarquía. Si algo distingue a su gobierno, en manos de los jueces de la Audiencia, es la corrupción a gran escala. Los ejemplos nada edificantes se suceden, escándalos sexuales incluidos. El despotismo se hallaba a la orden del día, con medidas arbitrarias como la sobrecarga de impuestos y prestaciones laborales a los indios. La voracidad de los magistrados sobrepasaba lo imaginable...

Como el extremeño no está para defenderse, sus enemigos llevan adelante sin problemas su juicio de residencia, en el que intervienen veintidós testigos de cargo. Entre ellos se cuentan algunos conquistadores señalados, caso de Bernardino Vázquez de Tapia, al que mueve una inquina personal, puesto Cortés lo había hecho encarcelar e incluso azotar por una cuestión de deudas. Ello explicaría que sus palabras, en opinión del biógrafo

José Luis Martínez, resulten «especialmente insidiosas». Muertes «por cosas livianas», desobediencia a la autoridad real, favoritismo en la adjudicación de cargos... En el tintero no queda ningún supuesto abuso. Aunque, paradójicamente, a veces el acusador no es ajeno a los hechos. Critica, por ejemplo, la matanza del Templo Mayor, pero lo cierto es que también intervino en ella.

Otros declarantes son antiguos hombres de Narváez, predispuestos, por lo mismo, en contra del medellinense. Encontramos también a personajes que se han cruzado en la vida de Hernán Cortés por diversos motivos, incluido su traductor, Jerónimo de Aguilar, que despotrica contra el que fue su jefe como si no recordara quién lo rescató del cautiverio.

A varios de ellos se los ha aleccionado para que carguen las tintas con acusaciones sobre todos los desmanes habidos y por haber. Eso es exactamente lo que hacen, aunque tengan que echar mano de simples habladurías. «Muchos de los testigos repiten sólo lo que oyeron decir públicamente o que supieron por un tercero», comenta José Luis Martínez.

Frente a la avalancha de incriminaciones, los abogados del protagonista responden con su propia legión de testigos, en un intento de dar ante la justicia y ante la posteridad la mejor imagen de su cliente. Es decir, la de un héroe generoso que siempre guardó una extrema fidelidad a su soberano. ¿Debemos creer en esta operación de *marketing*? Si los testimonios de cargo resultan sospechosos porque guardan a Cortés una enemistad manifiesta, los de descargo tampoco ofrecen un perfil confiable. Son sus amigos o sus servidores. Sólo unos religiosos franciscanos parecen haber testificado a su favor con imparcialidad, hasta cierto punto, sin estar contaminados por relaciones personales. Aunque uno de ellos, fray Toribio de Benavente, le había demostrado un apoyo firme.

Tantos son los intereses creados que la verdad resulta casi indiscernible. Este sombrío panorama parece dar la razón a Christian Duverger, cuando presenta el juicio de residencia como un procedimiento deplorable, más cercano al espíritu inquisitorial que a la justicia. Se admitían, en su opinión, los testimonios de todo tipo de resentidos, todo con una finalidad confiscatoria: arrebatarle al antiguo virrey su fortuna en beneficio de la Corona. Pero esta visión, en realidad, peca de tremendista. Si la decisión en estos procesos hubiera estado tomada de antemano, nadie habría aceptado gobernar en nombre del rey. En el caso de Cortés, las acusaciones en su contra revelan, ciertamente, el afán de venganza de sus enemigos, pero sería excesivo imaginar que todos los cargos carecían de fundamento.

Lo injusto se mezclaba con lo justo. El conquistador, dueño de una autoridad de apariencia ilimitada, se comportó en muchas ocasiones con arbitrariedad, lo que generó múltiples resentimientos entre los damnificados, sobre todo en los que habían visto perjudicados sus intereses materiales.

Después de muchísimo tiempo y de arduas polémicas, el desenlace brilló por su ausencia. Ningún juez se encargó de emitir un veredicto. La montaña de documentación generada se transfirió al Consejo de Indias, de manera que el caso permaneció abierto. Cortés, por tanto, tuvo esa espada de Damocles sobre sí el resto de su vida, siempre con la posibilidad de que cualquier día se emitiera el fallo.

## UN REGRESO TRAUMÁTICO

El proceso se había convertido en un mecanismo eficaz para fiscalizar su gestión. Por más que fuera el conquistador de México, nadie podría decir que estaba por

El Palacio Nacional de México, antigua sede
de la Real Audiencia

encima de la ley. Si alguna vez creyó que era intocable,
obviamente se equivocó. Tenía que enfrentarse a enemigos que se creían invulnerables y que por eso mismo
se atrevían con todo. La Audiencia, precisamente por
esta sensación de omnipotencia, cometerá el error de
ir demasiado lejos, despojando a Pedro de Alvarado,
que había sido la mano derecha de Cortés, de todas sus
propiedades. Carlos V, al recibir informes de este y otros
abusos, destituirá a sus miembros, pero estos se mantie-
nen en el poder mientras no llegan para sustituirlos los
componentes de la Segunda Audiencia.

En 1530, nuestro protagonista regresa por fin a la
Nueva España. Y lo hace por todo lo alto, al frente de
un séquito de cuatrocientas personas, aunque sólo para
encontrarse con una situación lamentable. Nada más
tomar tierra en Veracruz, le aguarda una desagradable
sorpresa: la emperatriz Isabel le ordena que no entre en
Ciudad de México. Deberá permanecer a un mínimo

de diez leguas de la capital, si no quiere satisfacer una fuerte multa, diez mil castellanos de oro. De esta forma, con una separación obligatoria, la Corona pretende evitar el choque del conquistador con los miembros de la Audiencia en funciones.

El mismo líder que derrotó a los aztecas se hallaba ahora acosado y solo, sintiéndose, según su propia expresión, «el más pobre hombre que había en toda la tierra». Para el partido anticortesiano ningún medio parece lo bastante brutal si consigue hundirlo. Incluso se organiza una especie de bloqueo, encaminado a impedir la llegada de provisiones a Texcoco. Cortés, impotente, verá cómo los suyos mueren de hambre por decenas, hasta llegar a las doscientas personas, la mitad de la comitiva, por tanto. Sin embargo, conserva la cabeza fría y no cae en la provocación. Sus enemigos desean que se rebele violentamente para acabar con él de una vez por todas.

Al no poder garantizar ni siquiera la subsistencia de su gente, ha de tragarse su orgullo y echar mano de la parte de los diez mil ducados de la dote de su esposa. Al mismo tiempo, vende una propiedad que su padre le dejó. Ha de salir del atolladero y para eso necesita reunir fondos a la desesperada.

Entre tanto, las desgracias personales lo golpean con dureza. Por un lado, pierde a su primer hijo legítimo, Luis, pocos días después de su nacimiento. Por otro, fallece su madre viuda, sin tiempo para conocer los territorios que ha conquistado. Si hemos de creerlo, la desaparición de la pobre mujer se debió, como tantas otras, a la escasez de alimentos, pero lo más probable es que diera esta versión para acentuar su imagen de víctima de un injusto atropello. A doña Catalina, en realidad, le pudo su edad avanzada, un mínimo de sesenta y tantos años, más que bastante para la época. Sería enterrada junto a su nieto en la iglesia del convento de San Francisco.

## A la búsqueda de otro México

Pero los problemas de Cortés no acaban aquí. Sus adversarios lo han despojado de sus minas, de sus indios y de sus rebaños, condenándolo a pagar importantes sumas. Dentro de la lógica del juicio de residencia, todos estos bienes debían servir para compensar a las víctimas de los desafueros del gobernante. Su prioridad, por tanto, no ofrece dudas. Ha de luchar para recobrar su patrimonio. Consigue la restitución de ciertas propiedades, la devolución de los doce mil pesos de multa por su afición a los naipes… Son éxitos notables, pero con determinadas limitaciones. Su tarea no resulta fácil porque algunas de sus antiguas encomiendas se hallan en manos de otras personas. Finalmente, logrará hacerse con algo menos de la mitad de los más de veinte mil vasallos que le había otorgado Carlos V. No es la solución óptima, pero no le queda otro remedio. Como señala Esteban Mira, se ve forzado a conformarse con lo que le quieren dar.

Tras establecer un cierto orden en sus asuntos, se establece en Cuernavaca, donde se hace construir un palacio. Gracias a su acostumbrada capacidad de trabajo, en el cuatrienio 1531-35 logra reconstruir su imperio económico. Como empresario, por un lado presta gran atención a la producción agrícola. Sus tierras producen trigo, maíz, vinos… Mientras tanto, explota las minas de oro de Michoacán y Tehuantepec.

Sus múltiples actividades, aquí sumariamente resumidas, le proporcionan ingresos descomunales, suficientes para vivir como un príncipe y, a la vez, promover diversos viajes por la costa norte del Pacífico. Como el de Diego Hurtado de Mendoza, primo suyo, un explorador curtido ya en Honduras y Panamá. En 1532 partió de Acapulco, al frente de dos navíos.

Entre sus órdenes, figura, como era de esperar, la de hallar oro o piedras preciosas. Ha de fijarse en si los indígenas llevan estas riquezas entre sus ropajes, aunque, eso sí, debe hacerlo «con disimulo».

La experiencia acumulada en la conquista de México le sirve a Cortés para establecer una especie de protocolo de actuación en el trato con los nativos. Cuando establezca contacto con estos, Hurtado de Mendoza les dirá que proviene «de una tierra muy cercana a ellos, cuyo señor es el mayor del universo». Buscará, por tanto, impresionarlos para que vean en los españoles a los representantes de un poder irresistible. A Cortés, diplomático hábil, le encantaba utilizar en ocasiones trucos propios de un charlatán de película del oeste, siempre dispuesto a decir cualquier cosa para aprovecharse de la credulidad de su auditorio.

¿Qué es lo que busca en esta ocasión? Parece resuelto a repetir el éxito de la conquista de México, con el hallazgo de otra civilización avanzada. Sólo que en este caso –explica León-Portilla– no se trataría de un imperio americano sino de un pueblo asiático. Japón, tal vez China. Ello demuestra cómo, aferrado a extendidos prejuicios de la época, ignora por completo el auténtico tamaño del océano Pacífico. Cree que es posible llegar desde las costas occidentales de América al lejano Oriente con relativa facilidad. No olvidemos que todavía, en una fecha tan tardía como 1540, Sebastian Münster sitúa Cipango, es decir, Japón, en la ubicación que realmente le corresponde a California.

Pero la suerte no acompañaría a Hurtado de Mendoza, que cuenta con una desventaja apreciable. Sus barcos, por su reducido tamaño, no pueden almacenar demasiadas provisiones. Ello obligará a fijar un racionamiento estricto. La situación se agravará cuando intenten repostar en San Blas, cerca de Jalisco. El gobernador Nuño de Guzmán, en lugar de prestar auxilio, les impedirá incluso proveerse de agua.

La expedición prosigue en circunstancias penosas. Se dijo que uno de los barcos se amotinó y forzó el regreso a México, pero, según Hernán Cortés, dio media vuelta simplemente porque carecía de provisiones, sin que mediara ningún acto de rebelión. Fuera como fuese, una cosa es segura: por el camino de vuelta, un ataque de los indios exterminó a la tripulación. Sólo quedaron dos supervivientes, los que llevarán la noticia de la desgracia.

Respecto al otro navío, el que mandaba Hurtado de Mendoza, sólo sabemos que intentó continuar, pero su rastro se perdió por completo.

## El sueño de California

Pese al fracaso, Hernán Cortés no se desanimó. En su astillero de Tehuantepec se dedicó a construir nuevos buques, supervisando de cerca las obras. Se preocupa, mientras tanto, por las andanzas de Pedro de Alvarado, del que teme que pretenda aventurarse también en el mar del Sur. Eso sería un desastre para sus intereses, ya que le arrebataría todo el protagonismo. En 1533 patrocinará otro viaje, el de Diego Becerra, otro de sus muchos familiares. Por desgracia, las maneras despóticas de este capitán acaban por desencadenar un motín. Los sublevados mataron a Becerra y consiguieron llegar hasta California, donde los indígenas les causaron numerosas bajas.

Después del nuevo desastre, Cortés, tan lleno de energía como siempre, se convence de que ha de ser él mismo quien encabece personalmente el siguiente intento de exploración, en 1535. Ahora dispone del Santo Tomás, el San Lázaro y la Santa Águeda. Antes de partir, como va a enfrentarse al peligro, quiere dejar arreglada la transmisión de su patrimonio. Es por eso que funda un mayorazgo. Es decir, vincula la mayor parte de su bienes con la persona de su heredero, el mayor de sus hijos legítimos, al que se prohíbe enajenarlos. De esta

Nuño de Guzmán

forma, la familia consigue que sus recursos económicos no disminuyan. Al contrario: sólo pueden aumentar. Por este procedimiento, el conquistador dispone también ciertas reglas para regular futuras sucesiones: el beneficiario deberá llevar el apellido Cortés, contraer matrimonio o guardar fidelidad a Dios y al rey.

Una vez más, pone toda la carne en el asador e invierte una buena parte de su fortuna en el proyecto. Su intervención arrastra a mucha gente, que se apresura a participar convencida de que el viaje no ha de ser ningún disparate si el propio marqués del Valle se halla presente. «Creyeron que era cosa cierta y rica», señala Díaz del Castillo.

Pero el gobernador de Nueva Galicia, Nuño de Guzmán, enemigo suyo desde los tiempos en que

221

presidía la Audiencia, le advierte que no se atreva a presentarse en la zona de su jurisdicción. Cortés responde que, en su calidad de capitán general, posee facultades para atravesar cualquier tierra que le parezca. Por otra parte, como se dirige a una región que no está bajo la autoridad del gobernador, este no posee atribuciones para impedirle el paso.

Consigue salirse con la suya. A Nuño no le queda más remedio que facilitarle las cosas: desiste de cualquier intento de oposición e incluso colabora con el abastecimiento de provisiones. «Yo le recibí en mi casa e le tuve en ella cuatro días dando a él y a su ejército todo lo que había menester», declararía pasado un tiempo. No es que haya entrado en razón, por supuesto. Si cede, es porque su rival cuenta con más hombres armados, tal como señala el biógrafo Esteban Mira.

¿Qué sucedió cuando los dos enemigos se vieron cara a cara? No lo sabemos, por desgracia. Cortés nada dijo sobre este asunto. Nuño aseguró que había procurado convencerlo de que aparcara su empresa. Sin embargo, pese a los viejos agravios y al odio acumulado, no existen indicios de que saltaran chispas. A Juan Miralles la escena le parece sospechosamente pacífica. Cortés se halla en situación de ventaja frente a su contrario, pero, por alguna razón, el previsible estallido de violencia no tiene lugar. Seguramente, el de Medellín debió de pensar que una venganza personal podía obstaculizar sus planes.

La paz entre ambos no pasa de ser un simulacro. En cuanto Cortés se marcha, a Nuño le falta tiempo para tomar la pluma, escribir a Carlos V y denunciar la supuesta vejación que el otro le ha infligido, entrando en su jurisdicción por la fuerza y avasallándolo como si fuera un conquistador. Por eso ha tenido que gastar para ayudarlo recursos considerables, todo ello en prejuicio de su propio territorio, una gobernación «pobre y mal asentada». El resultado, en su opinión, ha sido desastroso.

«Me ha destruido», afirma, no sin patetismo. Después, el extremeño ha proseguido su camino, aunque no precisamente en condiciones óptimas: «Lleva descontenta la gente y va mal proveído de bastimentos».

Igual que en sus tiempos de gloria, el marqués del Valle tiene una idea muy clara. Se propone poblar nuevas tierras, único modo de garantizar su dominio. ¿Es por eso que llevó consigo a treinta y tantos hombres casados y a sus respectivas esposas? Seguramente, aunque Miralles creía que estos soldados se llevaron a sus compañeras porque, inexpertos como eran, no tenían ni idea de los peligros que podían acecharlos.

Nada más alcanzar California, alza la nueva urbe, Santa Cruz, sobre una bahía, a la que llega un 3 de mayo, es decir, el día de la festividad religiosa del mismo nombre. Este será el origen de la actual ciudad de La Paz, hoy un importante centro turístico pero entonces un paraje desolado, sin más vegetación que algunos arbustos y algún cactus.

Pese a todos los esfuerzos, la desgracia perseguirá a los españoles. El barco con las provisiones naufraga y los tripulantes de otro navío optan por el retorno a México. Cortés, por tanto, se encuentra sin alimentos, en una zona donde, según Díaz del Castillo, los nativos no viven de la agricultura, como los mexicas, sino de la recolección de frutos y de la pesca. Con este panorama, el futuro no resulta alentador, ciertamente: sus hombres se encuentran enfermos, mueren de hambre y maldicen al culpable de conducirlos a un lugar dejado de la mano Dios, «la más estéril, la más perversa e malvada tierra que hay en el mundo», según declarará uno de los presentes, años después.

Las relaciones con los indígenas, mientras tanto, no son buenas. Lo evidencian ciertos episodios de hostilidad, que se saldan con la muerte de varios españoles.

Pero un líder hecho de la pasta del extremeño, por tópico que suene, no conoce el significado de la palabra

La Paz

«rendirse» si no hay un imperativo inexorable de por medio. Al frente de sesenta hombres, marcha a la Nueva España en busca de refuerzos, pero los problemas se multiplican como si sufriera un encantamiento maligno. Ha de hacer frente a una travesía peligrosa, en la que deberá sortear arrecifes.

Tras adquirir provisiones en Sinaloa, arriba nuevamente a Santa Cruz. Su vuelta resulta providencial para los que habían permanecido en la nueva colonia, exhaustos y forzados a nutrirse de hierbas y algunas frutas silvestres, no en cantidad excesiva. Al hallarlos tan frágiles, Cortés intenta convencerlos de que no abusen de la comida, para que no caiga como una bomba sobre sus cuerpos debilitados. Por desgracia, no todos siguen el consejo. Como suele suceder en estos casos, el efecto de un gran banquete tras el hambre acaba resultando mortífero.

Entre tanto, en México, su esposa, doña Juana, se inquieta. No sabe nada acerca de su marido, por lo que teme que se encuentre en peligro o incluso que haya muerto. Cansada de esperar, fleta un barco para encontrarlo y pedirle que vuelva, que deje de tentar a la suerte. ¿Es que no puede conformarse con la gloria de sus pasadas hazañas? Con la carabela le enviará, asimismo, un mensaje del recién nombrado virrey, Antonio de Mendoza, en el que este le solicita que ponga fin a su ausencia.

Hijo de un poderoso linaje aristocrático, Mendoza llega con poderes extremadamente amplios, los que le ha concedido Carlos V por una cuestión de pragmatismo. El monarca español es consciente de la dificultad de gobernar unas tierras tan lejanas, donde todo es tan diferente al Viejo Mundo. Por eso no ve más solución que buscar a un funcionario de su confianza, al que dota de potestad para decidir en función de las circunstancias, según su criterio, con independencia de cualquier directriz que pueda haber recibido por parte de la Corona.

Cortés acaba cediendo y, a través de Acapulco, regresa al hogar. Poco después, Santa Cruz sería evacuada. El fracaso significa, entre otras cosas, no recuperar la fuerte suma de dinero invertida. Por ello, no tarda en verse agobiado por los acreedores.

## DE AQUÍ A LIMA

Mientras tanto, por expreso deseo de la Corona, Mendoza debe limitar su influencia. Si lo juzga conveniente, puede, por ejemplo, destituirlo de su cargo de capitán general. El de Medellín, por tanto, ve cómo se frustra su aspiración de recuperar su antigua preeminencia. No obstante, en un principio, sus relaciones con el virrey fueron amigables.

En Acapulco le llega un mensaje del conquistador del Perú, Francisco Pizarro, extremeño como él, en demanda de refuerzos. Pizarro se había apoderado con muy pocos hombres del Imperio inca, donde encontró

Tumba de Francisco Pizarro en la catedral de Lima

riquezas nunca vistas. El botín alcanzaba dimensiones tan descomunales que relegaban los cuantiosos tesoros de México a un segundo lugar.

Sin embargo, en esos momentos, los españoles pasaban por serios apuros. Se hallaban en una Lima recién fundada, sometidos al asedio enemigo, bajo la amenaza de ser derrotados sin que llegaran los refuerzos. Cortés, ante lo desesperado de la situación, no duda en enviar lo antes posible un cargamento de armas y alimentos, con hombres y caballos de refresco.

Existen motivos para creer que la petición de Pizarro fue el detonante para que Cortés intentara llevar a la práctica un plan que acariciaba desde su regreso de California. Se ha conservado, en efecto, un contrato por el que pretendía enviar a tierras peruanas a un agente mercantil, Juan Domingo de Espinosa. El documento se firmó en abril de 1536, meses antes del inicio del

Estatua ecuestre de Pizarro en Lima

sitio de Lima. El proyecto no llegó a materializarse, pero demuestra, en palabras de León-Portilla, «que subsistía en don Hernando el propósito de iniciar y aún establecer esa ruta comercial entre México y Perú».

Pero, a la luz de la documentación, el extremeño tenía otra importante razón para enviar a un emisario al Pacífico meridional. Por las instrucciones que dio a Hernando de Grijalva, sabemos que le encomendó el inicio de exploraciones en la zona, impulsado por la obsesión recurrente de hallar una ruta más corta a las Molucas.

Grijalva, al frente de dos embarcaciones, llegaría a Lima después de que los incas abandonaran el cerco. Pizarro, de todas formas, se mostró agradecido y correspondió con espléndidos regalos para la esposa de Cortés.

Pero la segunda parte de la misión, adentrarse en el Pacífico, siempre con cuidado de no invadir la demarcación lusitana establecida en el Tratado de Tordesillas, iba a terminar de manera trágica. Uno de los navíos, comandado por Grijalva, protagonizó un viaje lleno de obstáculos. A falta de vientos favorables, el regreso a México se hizo imposible. De hecho, hasta 1565 no se hallará una ruta que permita alcanzar América desde el oriente asiático, lo que entonces se llamaba «tornaviaje». En tales circunstancias, resulta lógico que la tripulación, desesperada, no viera más salida que amotinarse y matar a su capitán. Los rebeldes alcanzaron una isla próxima a Nueva Guinea, pero sólo para caer prisioneros de los indígenas. Únicamente siete hombres lograron sobrevivir, tras ser rescatados por los portugueses.

El otro barco, en cambio, sí consiguió alcanzar Acapulco. Por desgracia, el virrey intentará reescribir la historia a su gusto, apropiándose del mérito de la ayuda a Pizarro.

## LOS PROBLEMAS DE LA BICEFALIA

No sin razón, Díaz del Castillo dijo que a Hernán Cortés, tras su espectacular éxito contra los aztecas, nada le salió bien. En 1538 envío una nave, al mando de Nicolás Palacios Rubios, con mercancías diversas, básicamente armas, que se venderían en Perú. Como en la anterior ocasión, se buscan los beneficios económicos y a la vez el hallazgo de nuevas tierras. Pero, una vez más, los resultados son poco brillantes en ambos aspectos. Por más que procura convertirse en un gran comerciante, el extremeño no consigue materializar grandes operaciones, tan sólo obtener beneficios restringidos. Para León-Portilla, estamos ante un hombre que se mete en un terreno que no es el suyo, carente de las habilidades de un auténtico profesional: «Sus empeños de aprendiz de mercader quedaron limitados, por una parte, a la venta local de algunos productos de su marquesado —azúcar, harina, quesos, tocino, maderas...— y, por otra, al intento, a la postre también poco exitoso, de participar en el comercio en algunos puertos de Centroamérica hasta Panamá».

Dicho de otra manera: Cortés debió de creer que el comercio le compensaría por los exorbitantes desembolsos de sus exploraciones, pero no tardó en comprobar lo inexacto de sus cálculos.

Las dificultades se multiplican. Aunque parecía gozar del favor del virrey, la antigua amistad se irá agriando hasta dejar paso a la abierta hostilidad. En 1538 aún subsiste un poso de confianza, como prueban los elogios de Cortés a Mendoza en una carta dirigida al Consejo de Indias, donde alaba su competencia respecto a las autoridades que lo precedieron. Sin embargo, ante los obstáculos que el mandatario le pondrá en sus exploraciones, el tono del extremeño pasa a reflejar una creciente irritación.

En realidad, incluso en los mejores momentos de su relación no dejaron de ser competidores. Comían juntos de vez en cuando, en una atmósfera cordial, pero lo suyo, más que amistad, era una representación pública con objetivos políticos. De ahí que guardaran unas normas muy estrictas en cada uno de sus encuentros. Sabían que el protocolo no era una cuestión menor, sino un reflejo de su prestigio. Resultaba crucial, por tanto, poner el máximo cuidado en detalles como el lugar donde iban a sentarse, algo que variaba en función de si la comida se celebraba en casa de Cortés o en casa de Mendoza.

Ahora, ambos pugnan también por explorar el norte de la Nueva España. Tanto el uno como el otro pretenden ser los únicos con atribuciones para realizar allí nuevos descubrimientos. Se produce entonces

El virrey Antonio de Mendoza

un choque de carneros en el que se cruzaran insultos, haciendo todo lo posible por difamarse mutuamente. A la postre, ninguno saldría beneficiado de esta pugna, tal como señala el cronista Gómara: «Pasaron tales palabras entre los dos, que nunca tornaron en gracia, sobre haber sido muy grandes amigos y así dijeron y escribieron mil males el uno del otro; cosa que a entreambos dañó y desautorizó». El biógrafo Juan Miralles coincide con esta apreciación, al apuntar que Hernán Cortés cometió el mayor error político de su vida al enzarzarse en una lucha con el virrey que no llevaba a ninguna parte, pero será una continua fuente de preocupaciones durante sus últimos años.

El regreso de Alvar Núñez Cabeza de Vaca, tras un largo y penoso periplo por aquellas tierras, animaría a los dos hombres a planear nuevas aventuras. Cabeza de Vaca aparecía al cabo de ocho años: él y tres personas más eran los únicos supervivientes de una expedición que se había dirigido a Florida en 1527. Mendoza lo escuchó atentamente y tomó a su servicio a Estebanico, un mulato, tal vez negro, que lo acompañaba. Este le llenó la cabeza de fantasías acerca de un gran país, con una cultura desarrollada ya que sus habitantes conocían el hierro.

Eso era justo lo que deseaba oír el virrey, que ya se veía colocando sus estandartes en las Siete Ciudades de Cíbola, un espacio privilegiado en la geografía imaginaria de América. Según la leyenda, las habían fundado hacía siglos siete obispos que huían de la invasión musulmana de España. Para buscarlas, enseguida se organizó una expedición, dirigida por fray Marcos de Niza, en la que tomó parte Estebanico. El religioso franciscano, al regresar, afirmó haber encontrado «una aglomeración magnífica, la más bella que he visto en esta región». Pero Cortés no le creyó una palabra. Es más, lo acusó de basarse únicamente en los datos que él mismo le había proporcionado acerca de los indígenas de Santa Cruz, lo que implicaba que su viaje, en definitiva, no aportaba ninguna novedad. Le debió escocer, seguramente, que el fraile pretendiera haber descubierto una urbe más grande que la antigua Tenochtitlán. En cualquier caso, tenía razón al señalar que el relato de fray Marcos era pura fabulación. Poco después, Francisco Vázquez de Coronado, también a las órdenes del virrey, alcanzaría la supuesta Cíbola. No era más que una aldea con casas de barro.

Pero la crítica de Cortés, aunque exacta en muchos aspectos, no era del todo justa porque fray Marcos, en realidad, no había viajado por la misma zona que él.

Con todo, la rivalidad no impidió que el virrey y nuestro protagonista celebraran juntos la paz que

Vázquez de Coronado

Carlos V había concertado con Francisco I de Francia en Aigues-Mortes. La capital mexicana se engalanó fastuosamente y «disfrazó» su plaza mayor. Primero de bosque, de manera que pudiera organizarse una cacería. Al día siguiente, el recinto se convirtió en Rodas. Ahora tenía lugar una especie de escenificación de la defensa de esta isla frente a los turcos. Naturalmente, fueron los cristianos quienes se alzaron con la victoria. Cortés intervino y representó el papel de señor de la ciudadela.

No faltaron corridas de toros, justas, juegos de cañas, comedias ni otros muchos festejos. El punto culminante fue el copioso banquete que ofreció Mendoza en su palacio, de los que hacen época por la infinita variedad de platos: ensaladas, aves rellenas, perdices... Cortés dio también una gran comida, pero no pudo evitar el segundo puesto en aquel concurso de ostentación.

Las celebraciones sólo fueron una tregua fugaz entre los contendientes. Poco después, el extremeño enviaba a Francisco de Ulloa a las tierras de California. Según su testimonio, el virrey hizo todo lo posible para dificultar esta expedición, bien impidiendo a sus hombres que repostaran, bien intentando robar, a su vuelta, la información de lo que habían hallado. Cortés, en un informe dirigido al emperador Carlos V, se quejaba de estos procedimientos desleales. Cuando Ulloa le había enviado a un marinero para darle noticias, un enviado de Mendoza lo mandó prender, «y lo atormentó para que descubriese la nueva que traía».

En realidad, no había ningún dato sustancioso del que enterarse. Un año de exploración no había arrojado ningún resultado tangible. El sueño de encontrar una tierra tan rica como la Nueva España demostró ser sólo eso, sueño. En su crónica, López de Gómara refleja un desencanto que debió de transmitirle el propio Cortés al referirle los hechos: «Más fue el ruido que las nueces».

Quedó, sin embargo, un efecto en la cartografía. En numerosos mapas, «mar de Cortés» pasó a ser la denominación del golfo de California. Después de incontables esfuerzos se consiguió certificar que aquella tierra era una península, pero tal hallazgo pasó pronto al olvido. De ahí que en los mapas europeos se repita, aún durante mucho tiempo, el dato de la supuesta insularidad. En una fecha tardía como 1590, José de Acosta, en su *Historia natural y moral de las Indias,* clasificaba la región dentro de las zonas desconocidas. Según este famoso jesuita, se ignoraba «adónde llega la tierra que corre sobre el cabo Mendocino y Californias».

En resumen: explorar California habría sido una gran hazaña para cualquier otro. A Hernán Cortés, en cambio, no le aportó gran cosa. Tras haber conquistado México, nada de lo que pudiera hacer resultaría comparable.

## El primer virrey

Cuando Carlos V estableció el virreinato de la Nueva España, el primero en ocupar el cargo fue Antonio de Mendoza y Pacheco (h. 1490-1552), segundo hijo del conde de Tendilla y bisnieto del marqués de Santillana, el célebre poeta. Su familia, los Mendoza, era una de las más poderosas de Castilla. Antes de pasar las Indias, adquirió experiencia diplomática como embajador en Hungría.

Durante sus años de gobierno, demostró una gran capacidad para organizar la administración. Destacó su interés por los temas educativos, con la fundación, por ejemplo, del Colegio de Santa Cruz de Tlatelolco, destinado a los vástagos de la aristocracia indígena. Asimismo, inició los trámites para la creación de la primera universidad de México. Respecto a los indios, promulgó disposiciones para asegurar su buen trato, pero, al mismo tiempo, procuró no enfrentarse con los encomenderos, opuestos a la legislación a favor de los nativos. De esta manera, evitó una guerra civil como la que asoló el Perú inmediatamente después de la conquista. Por otra parte, entre 1541 y 1542, sofocó la rebelión de los chichimecas y los caxcanes en la guerra del Mixtón, en la región de Nueva Galicia.

En 1551, ya enfermo, marchó al Perú, donde sería virrey apenas diez meses, en los que se dedicó a cicatrizar las heridas de los pasados enfrentamientos entre conquistadores, dejando un buen recuerdo por su talante ecuánime.

# 10

# El solicitante molesto

Cansado de que el virrey Mendoza se entrometiera en sus planes, Hernán Cortés partió para España en 1540, con la esperanza de que en el Consejo de Indias le dieran la razón. No se le ocurría otra forma de neutralizar a un rival que le estaba amargando la vida, con una hostilidad que había subido de tono hasta extremos insospechados. Le había secuestrado su astillero de Tehuantepec, decidido a impedirle que continuara con sus viajes. Su enemigo, en palabras de Esteban Mira Caballos, «no tuvo consideración alguna con él, pese a que era pariente lejano de su esposa».

Se trataba, en principio, de un viaje con un objetivo puntual. Iría a España, resolvería sus problemas y regresaría a México con los suyos. No imaginaba que, por unos motivos u otros, su estancia en la metrópoli se prolongaría los siete años que le quedaban de vida. En

El Consejo de Indias

este tiempo iba a mantener una actividad incansable, en medio de continuos trámites burocráticos, aunque su salud lo acompañaba cada vez menos. Doña Juana, mientras tanto, se encargaría de velar en la Nueva España por el patrimonio de la familia.

En 1528 había hecho ostentación de sus bienes. En esta ocasión, su llegada fue un poco más discreta. «Vino rico y acompañado, más no tanto como la otra vez», apuntó López de Gómara.

Las cosas no empezaron mal. En Madrid, el Consejo de Indias le cedió como alojamiento la residencia señorial de un comendador. Como marqués, podía codearse con lo mejor de la aristocracia, aunque esta no lo tratara en pie de igualdad por considerarlo un advenedizo. Su título de nueva creación no podía competir con blasones de varios siglos.

En un memorial que escribió para Carlos V, fechado en Madrid a 25 de junio de 1540, acusó al virrey de sabotear sus proyectos de exploración. Él ha estado en las tierras del norte de México, por lo que posee un derecho de preeminencia. Al haber pisado aquellas regiones con su propio pie, sabe perfectamente de lo que habla. No como el virrey, quien se basa en informes cuestionables. Además, ha invertido formidables sumas en sus expediciones sin haber recibido compensación. Es cierto, sin duda, que ha gastado muchísimo dinero, pero, ante el emperador, da la cifra hinchada de trescientos mil ducados.

Su conclusión es clara. Mendoza no debe inmiscuirse enviando a sus propios hombres, gente inexperta, ni intentando arrebatarle el mérito de los descubrimientos. Si persiste en acometer unas empresas para las que no está preparado, ello será a costa de descuidar su principal cometido, el de gobernar las tierras que le ha encomendado su soberano.

El memorial llegó al Consejo de Indias, pero esta institución se veía por entonces inundada de peticiones para hacer conquistas al norte de la Nueva España. Mendoza había hecho llegar sus demandas, por supuesto, lo mismo que Pedro de Alvarado, al que hemos visto junto a Cortés en los tiempos de la conquista, y Hernando de Soto, uno de los militares que se habían distinguido en Perú, durante la anexión del Imperio inca.

Por desgracia para nuestro protagonista, Carlos V prestó oídos al virrey, autorizándolo a continuar su exploración de las regiones septentrionales. La decisión real, sin embargo, estaba lejos de finiquitar la controversia. La justicia española debía aún decidir quién tenía razón, pero el asunto, como solía suceder en estos casos, acabó alargándose indefinidamente, en medio de una maraña de alegaciones presentadas por los diversos abogados. Hasta que se emitiera un fallo, los aspirantes debían suspender sus preparativos.

A Cortés le hubiera encantado ver destituido a Mendoza, pero era imposible. ¿Qué podía hacer entonces? Lo ideal, a su juicio, hubiera sido una conversación cara a cara con el emperador, pero este, por desgracia, se hallaba en Flandes. No le hubiera importado desplazarse hasta allí, con tal de tener la ansiada entrevista, pero se le dijo que permaneciera en la península. Carlos V no tardaría en regresar.

## Desastre en África

La expedición contra Argel, en 1541, le brindó la oportunidad de coincidir con el esquivo monarca. Como buen vasallo, no dudó en tomar parte en el ataque contra tal nido de piratas berberiscos, en manos de un viejo conocido de los hispanos, el almirante Jayr al-Din Barbarroja, el temible corsario que llevaba años aterrorizando sus dominios. Las costas de Sicilia y Nápoles, por un lado, pero también la península ibérica. Los musulmanes protagonizaban rápidas y devastadoras incursiones en territorio cristiano, a la búsqueda de esclavos y botín. Los cristianos, por su parte, hacían cuanto podían para devolverles las agresiones. De hecho, más que un estado, Argel era un nido de piratería a gran escala, capaz de poner en apuros a las más sólidas monarquías.

Ataque de Carlos V contra Argel

El Mediterráneo, por esas fechas, se había convertido en el escenario de una lucha a muerte por la hegemonía. Ni la cruz ni la media luna tenían la menor inclinación a la piedad por el enemigo.

Como señor de múltiples reinos, el césar Carlos tiene que conciliar intereses no siempre bien avenidos. Pocos años antes, en 1535, había reunido un formidable ejército con el que se apoderó de Túnez. La elección de este objetivo muestra bien claramente su prioridad geoestratégica, la protección de las ciudades italianas. Los reinos de Aragón y Castilla, azotados por los argelinos, tendrán que esperar seis años más, sólo que en su caso ninguna victoria alivió la presión otomana.

Cortés iba acompañado de dos de sus hijos. Luis, un muchacho de dieciocho o diecinueve años, era uno de sus numerosos bastardos. El otro, Martín, pudo ser su heredero legítimo, apenas un chiquillo por entonces. Tal es la opinión de José Luis Martínez. Juan Miralles, en cambio, apuntaba hacia el hijo de la Malinche, como sabemos, del mismo nombre. Para atender todos sus deseos les acompañaba una comitiva con numerosos criados y escuderos.

Al frente de la inmensa flota, con más de cuatrocientos barcos y veinte mil hombres entre españoles, italianos y alemanes, Carlos V trató, una vez más, de cubrirse de gloria militar. Pero su impaciencia iba a jugarle una mala pasada. Desoyó el consejo de no efectuar el desembarco en octubre, una época de condiciones climáticas poco idóneas. No imaginaba que su imprevisión se traduciría en un tremendo desastre, una humillación en toda regla.

El mar, agitado por una violenta tempestad, impidió que las tropas tomaran tierra con la rapidez que requería la operación. Peor aún, se encontraban sin suministros, porque los barcos, ante el peligro de naufragio, habían aligerado carga deshaciéndose de provisiones y de otro material pesado. Una vez acampados, los soldados se las vieron y se las desearon para hacer frente al hambre, al frío y a las enfermedades. No cesaba de llover, con una intensidad más propia de un diluvio. Hostigados por un enemigo que sí conocía el terreno, los españoles empezaron a caer como moscas.

En medio de aquel infierno no faltaron escenas de heroísmo. Los caballeros de Malta no dudaron en sacrificarse para proteger así la retirada del maltrecho ejército. En medio del caos generalizado, según el relato de López de Gómara, Hernán Cortés perdió por descuido cinco valiosas esmeraldas, tasadas en cien mil ducados y talladas artísticamente con forma de rosa, corneta, pez o campanilla. El pez tenía los ojos de oro, y el badajo de la campanilla era una perla. No sabemos qué podía estar haciendo con ellas, al tratarse de un regalo que le había hecho a su esposa, Juana de Zúñiga, con motivo de su boda. ¿Un signo, tal vez, de las desavenencias conyugales? Tal vez sí, en el caso de que los hechos fueran como quiere la tradición. Juan Miralles considera legendario el percance, ya que el propio interesado no lo mencionó en ninguno de sus escritos. El cronista Fernández de Oviedo, por su parte, se limitó a decir que el extremeño perdió muchísimo dinero.

El ataque contra Argel ha fracasado en toda regla antes de empezar. ¿Existía, quizá, una alternativa plausible a la huida? Los comandantes españoles renunciaron a continuar, entre otras razones, por no poner en peligro la persona del emperador. En la reunión de los consejeros no se encuentra Cortés, ya que nadie se ha molestado en pedirle su parecer. Él era el único partidario de proseguir hasta tomar la capital norteafricana. Y no dudó en evocar los heroicos tiempos de la conquista de México, en los que afrontó con sus capitanes todo tipo de penurias sin dejar por ello de pelear. Ahora había que hacer lo mismo: arriesgarse y superar a fuerza de valor una circunstancia adversa. Si se aprovechaban las tropas disponibles, Argel, que a fin de cuentas no disponía de muchos defensores, aún podía caer.

Cuando lo escucharon –cuenta Díaz del Castillo–, algunos caballeros lamentaron que no se hubiera tenido en cuenta su parecer. Otros, en cambio, opinaron que la situación, de vida o muerte, no daba pie a demasiadas deliberaciones. Ya habría ocasión de emprender un segundo intento.

Nuestro protagonista regresa de África exhausto y enfermo, por lo que acude a varios hospitales, a tratarse las fiebres. Aún no lo sabe, pero jamás va a restablecerse por completo. La experiencia africana, para él, supone un doble fracaso: por la derrota militar, que le ha impedido demostrar su talento de comandante, y por no haber tenido ocasión de hablar con Carlos V. En su interior, lo que desea es volver a la Nueva España, pero para eso necesita un permiso oficial, el mismo que se le niega. Se le dice que debe aguardar a que su juicio de residencia concluya, pero no existe voluntad para ponerle fin. Decepcionado y humillado, opta por marcharse a Valladolid. Allí va a residir entre 1542 y 1545. La ciudad castellana presenta una considerable ventaja para sus aspiraciones, al ser en esos momentos la sede de la Corte. Igual que tantos otros, quiere estar cerca de donde se toman las decisiones.

## PROBLEMAS DE DINERO

Pese a sus esfuerzos, los sinsabores se multiplican. Solicita a Carlos V que reconozca los méritos de su carrera, que le recuerda una y otra vez. A veces, incluso se permite abultar su *curriculum,* dilatado sin necesidad de exageraciones. ¡Hasta quiere robarle a Pedro de Alvarado el reconocimiento por la conquista de Guatemala, presentándola como una de sus hazañas!

Se queja por sus apuros económicos y exige la pronta resolución de los pleitos en los que anda envuelto. Sus palabras son las de un hombre desengañado, que en su vejez esperaba algo de paz tras una vida de continuos peligros y sacrificios. Todo en beneficio de su Rey, al que ha proporcionado inmensos dominios, y en servicio de Dios.

Reclama, a su vez, que se someta al virrey Mendoza a un juicio de residencia. Eso implicaría suspenderlo de sus funciones, por lo que cualquiera podrá expresar sus quejas sin temor a ser molestado. Cortés, por supuesto, está ansioso por presentar sus propias denuncias, incluida la de corrupción, en forma de malversación, tráfico de influencias y otras prácticas.

El emperador, por desgracia, no le puede atender porque en esos momentos se encuentra en Alemania. De todas formas, la hora del conquistador de México ha pasado ya. La Corona desconfía, no sin razón, del

Fray Bartolomé de las Casas

excesivo poder que han llegado a acumular los procónsules de las Indias. Justo en esa época, la rebelión de Gonzalo Pizarro, en Perú, da argumentos a todos los que quieren fortalecer el poder real al otro lado del Atlántico frente a los excesos personalistas.

En 1542, la Corona promulga las denominadas «Leyes Nuevas», destinadas a mejorar la situación de los indios. Por desgracia, su incidencia en términos prácticos fue muy reducida, por lo que prosiguió el desastre demográfico entre los nativos. En el México central, por esas fechas, quedaban apenas seis millones y medio de los veinticinco millones de personas que habitaron la región.

Ese mismo año, Cortés se halla presente en las Cortes de Monzón, Huesca. Allí coincide con el dominico fray Bartolomé de las Casas, con quien tiene ocasión de rememorar los viejos tiempos de la conquista de México. Le contará, por ejemplo, que nada más salir de Cuba se apoderó de un barco repleto de tocino, pan y maíz, con destino a las minas de la provincia de Xagua. Tenía que aprovisionar a sus hombres y no era el momento de andarse con demasiados escrúpulos. Han pasado muchos años del incidente y lo evoca de buen humor, como quien relata una travesura simpática. «A la mi fe, anduve por allí como un gentil corsario», comenta entre risas. Las Casas le sigue la corriente, pero por dentro arde de indignación por lo que considera una demostración de palmaria desfachatez. «Oigan vuestros oídos lo que dice vuestra boca», murmura para sí. Ante los ojos del dominico, Cortés no es un héroe sino una criatura insensible que alardea de las monstruosidades que ha cometido. Entre ellas, usurpar el Imperio azteca a su legítimo soberano, Moctezuma.

En este último período de su vida, Hernán Cortés se dedica, como en años anteriores, a una intensa actividad comercial. Los documentos notariales de la época nos permiten seguir sus diversos negocios: en 1542, por ejemplo, se compromete a vender cinco mil arrobas de azúcar anuales, durante ocho años, al genovés Leonardo de Lomelín. Ello implica que el producto debe estar listo en el puerto de Veracruz.

Pero, si hay que producir azúcar, alguien debe cortar la caña. Es aquí donde entra en juego un tráfico menos honorable, el de seres humanos. Lomelín también debía proveer al viejo conquistador de quinientos esclavos jóvenes procedentes de Cabo Verde, con destino a las inmensas tierras que poseía en México. Hablamos, obviamente, de seres humanos, pero la documentación de la época les dedica el calificativo de «piezas». Al precio de setenta y seis ducados cada uno. No eran, en efecto, más que objetos. Y, como cualquier otro producto, debían reunir ciertos estándares de calidad. Eso implicaba que sólo se admitiría a quienes gozasen de buena salud, es decir, a los que no estuvieran «lisiados ni endemoniados».

Mientras tanto, se halla en tratos con otros mercaderes, con los que contrae deudas en ocasiones muy crecidas. Pero varias de sus operaciones acaban en fiascos. A un hombre tan acaudalado, sin embargo, nunca le falta el recurso del crédito, imprescindible para las necesidades inmediatas mientras espera sus remesas con la plata de México. Ha de mantener, cueste lo que cueste, su exorbitante tren de vida. El antiguo hidalgo es ahora un potentado, por lo que no puede evitar que los gastos se multipliquen. No en vano, ha de retribuir a un ejército de servidores: el mayordomo, el camarero, el repostero, el caballerizo, las criadas... Igual que tantos otros aristócratas, se rodea de esplendor porque sólo a través de la ostentación es posible gozar del prestigio y del rango que se le supone a un noble. La consecuencia inevitable de todo ello, la falta de liquidez, impone en ocasiones decisiones dolorosas. Una de ellas, tomada poco antes de morir, supuso empeñar cuarenta y cuatro valiosas piezas de orfebrería, a cambio de seis mil ducados. No había elección.

## En compañía de sabios

Estamos en el Renacimiento. Eso significa que un gran señor que se precie no puede dar la espalda al mundo de la cultura. Cortés, lejos del arquetipo del conquistador rudo, acoge en su casa de Madrid a las mejores cabezas pensantes, una academia de hombres ilustres en el mejor estilo de la época. Allí están, en efecto, desde el historiador Juan Ginés de Sepúlveda al poeta Gutierre de Cetina, pasando por dignatarios de la Iglesia, caso del cardenal Francesco Poggio, o aristócratas como el marqués de Falces.

Aquellos encuentros permitieron a Ginés de Sepúlveda utilizar a Cortés como fuente oral para su libro *De Orbe Novo* o *Crónica de las hazañas de los españoles en el Nuevo Mundo*. Escuchó, por ejemplo, cómo el extremeño narraba la matanza de Cholula. Poco después, defendería la justicia de la conquista española en el *Democrates alter*. En esta obra, uno de los personajes alude a una conversación con el héroe de México: «Hace pocos días, paseándome yo con mis amigos en el palacio del príncipe Felipe, pasó por allí casualmente Hernán Cortés, marqués del Valle (me refiero a aquel caudillo que tanto extendió las fronteras del imperio para el emperador Carlos, rey de España) [...]».

Entre los temas tratados en la tertulia madrileña figuran cuestiones morales y religiosas. A nuestro protagonista, por ejemplo, le correspondió hablar en cierta ocasión de la preparación del cristiano ante la muerte. Por lo que sabemos, Cortés parece haber sido un hombre de fe sincera, aunque fuera cristiano a su modo. En esta etapa de su vida, consciente de la cercanía del fin, mira hacia atrás y se siente pecador. Sabe que tiene muchas culpas de las que responder, como da a entender cuando dice que su cuenta con Dios es larga. Por ello, piensa que su prioridad no debería ser atender pleitos, ni viajar de aquí para allá, sino buscar el recogimiento imprescindible para ocuparse de la salud de su alma. Deseo piadoso, sin duda, pero los problemas mundanos no le permitirán materializarlo.

## Quejas amargas

El emperador Carlos, mientras tanto, no le hace demasiado caso, ya que se niega a devolverle el poder político que tanto ansía. Recibe sus memoriales con el silencio por toda respuesta, como nos muestra la anotación de su secretario, Francisco de los Cobos, en el margen de un documento: «No hay que responder». ¡Cruel paradoja! El Conquistador de México reducido a la vulgar condición de peticionario molesto por su pesadez. Ello, como es natural, le amarga la existencia. Lope de Vega reflejaría esta realidad al hacerle confesar a su personaje, en una obra teatral sobre el desastre de Argel, la auténtica causa de su decadencia: «Pretensiones, más que la edad, me apresuraron canas».

La Corona, pues, marca distancias con el extremeño, pero eso no significa que no le guarde cierta consideración. Lo tendrá en cuenta al invitarlo a la boda del príncipe heredero, el futuro Felipe II, con María de Portugal. El enlace se celebró en Salamanca, en noviembre de 1543. Fueron muy pocos los que disfrutaron del honor de hallarse entre los asistentes.

Pocos meses después, el 3 de febrero de 1544, Cortés escribe desde Valladolid su última carta a Carlos V, un documento dramático en el que se queja, con inusitada sinceridad, de que a sus años se le ha privado de la tranquilidad que cree merecer por todos sus servicios. «Pensé que el haber trabajado en la juventud, me aprovechara para que en la vejez tuviera descanso, y así ha cuarenta años que me he ocupado en no dormir, mal comer y a las veces ni bien ni mal, traer las armas a cuestas, poner la persona en peligros, gastar mi hacienda y edad, todo en servicio de Dios, trayendo ovejas a su corral muy remotas de nuestro hemisferio».

Ha engrandecido los dominios de la religión. Ha engrandecido los dominios del rey. Todo a costa de su esfuerzo y de su hacienda, pese a los obstáculos que sembraban en su camino «muchos émulos e invidiosos que como sanguijuelas han reventado de hartos de mis sangre».

Tras una trayectoria de continuo servicio a la Corona, se siente legitimado para reprochar a Carlos V que ha faltado a su palabra. Le aseguró que iba a recompensar adecuadamente los servicios prestados, pero la realidad ha sido muy distinta. No le ha dado lo que prometió, pero sí ha permitido que le quiten lo que ya tenía. Por eso se siente maltratado. El tono formal de la correspondencia no basta para disimular la rabia apenas contenida de un hombre cansado: «No se me cumplió la merced que Vuestra Majestad me hizo, y demás destas palabras que Vuestra Majestad me dijo y obras que me prometió, que, pues tiene tan buena memoria, no se le habrán olvidado, por cartas de Vuestra Majestad firmadas de su real nombre».

Pese a las continuas desilusiones, Cortés hace un nuevo y desesperado intento por atraer la atención del monarca. Desea que lo libere de todos los problemas que tiene con la justicia, pero, pese a las expresiones de respeto hacia la figura real, no parece tener ya verdaderas esperanzas. Se halla tan desesperado que no duda en retratarse a sí mismo con los más negros colores, presentándose como un anciano casi desvalido que necesita pasar en calma lo poco que le resta de vida. No miente, pero juega conscientemente a inspirar la compasión del emperador con detalles que apelan a su fibra emocional. Quiere hacer que se sienta culpable. ¿Acaso no se apiadará el César de un pobre hombre que sólo quiere disfrutar, en la paz del hogar, sus últimos años?

Como su salud se veía quebrantada por la edad, pensó en huir del clima castellano y abandonar las riberas del Pisuerga. Primero se desplazó a Madrid, donde permaneció algo más de medio año, y más tarde a Sevilla. Con todo, aún le quedaban fuerzas para mantener un intenso rimo de actividades. Lo mismo lo vemos mezclado en un asunto de comercio de ganado que lo encontramos asistiendo a actos sociales. Por ejemplo, los bautizos en los que ejerce como padrino.

Su destino definitivo debía ser la Nueva España, la tierra en la que deseaba morir. Mientras tanto, se dedicó

Sevilla en el siglo XVI

a resolver multitud de temas pendientes. Los relativos a sus pleitos, al reparto de su herencia y al futuro de los suyos. Igual que su padre había gestionado su casamiento con una aristócrata, él negocia enlaces ventajosos para sus hijos, en especial para su primogénito por vía legítima, Martín, que contraerá matrimonio con Ana Ramírez de Arellano, hija del conde de Aguilar. Esteban Mira Caballos señala que en este tema nada se dejó al azar: si la novia moría, la sustituiría la siguiente de sus hermanas. En caso de repetirse la desgracia, Martín desposaría a la Aguilar superviviente. El ennoblecimiento de la familia Cortés quedaba así definitivamente consolidado.

## EL FIN

El conquistador no conocía el reposo, sobre todo porque muchas personas acudían a visitarlo con motivos diversos, fuera para testimoniarle su respeto, para pedir un favor o para cobrar una deuda. Necesitado de tranquilidad, se marchó al pueblo de Castilleja de la Cuesta, hospedándose en casa de un amigo. Allí sufrió un ataque de disentería y murió el 2 de diciembre de 1547, tras confesarse con gran devoción.

Su testamento, a juicio de José Luis Martínez, «es admirable, en principio, por la equidad cuidadosa con que distribuyó sus bienes». Martín, su heredero, queda bajo tutela por su minoría de edad, quince años. Destaca, por otra parte, el cuidado que puso en asegurar el porvenir de Catalina Pizarro, la única de sus hijas a quien se molestó en legitimar, a la cual entrega diversas propiedades. Curiosamente, no deja nada para su esposa, Juana. Se limita a devolverle el dinero que aportó al matrimonio, especificando que se lo entrega porque es suyo. El tono es puramente administrativo, sin lugar para las expresiones de afecto: «Mando que le sean pagados a la marquesa doña Juana de Zúñiga, mi mujer, diez mil ducados que yo hube en dote con ella, por cuanto yo los recibí y gasté, y son suyos, y mando que se le paguen, sin ningún litigio ni contienda, de lo primero y mejor parado de mis bienes».

Comenzó entonces una desagradable pugna por la herencia. Descontenta, probablemente humillada, la marquesa llevó a los tribunales a su propio hijo, Martín, y acosó implacablemente a su hijastra Catalina, hasta que la desposeyó de sus bienes y la obligó a ingresar en un convento.

Católico devoto, el conquistador atiende puntillosamente sus obligaciones religiosas para poder morir con la conciencia tranquila. Ordena, por ello, que le den sepultura de forma austera, sin lujos excesivos, «teniendo fin a escusar las cosas que se suelen hacer para cumplimiento y pompa del mundo y se conviertan en provecho de las del alma». El día de su entierro, además, se dirán todas las misas posibles en las iglesias y monasterios del lugar del fallecimiento. A continuación se celebrarían cinco mil oficios religiosos. Dos mil de estas misas se dedicarían a la memoria de «aquellas personas que murieron en mi compañía y servicio en las conquistas y descubrimientos de tierras que yo hice en la Nueva España». En sus últimos momentos, como acabamos de ver, Cortés tenía muy presentes a sus antiguos compañeros de fatigas.

Entre otras buenas obras, el testamento dispone la fundación en Coyoacán de un monasterio de monjas y de un colegio, destinado a los estudios de Teología y Derecho, tanto civil como eclesiástico. La finalidad de este centro educativo es, ante todo, evangelizadora: «Para que haya personas doctas en la dicha Nueva España que rijan las iglesias e informen e instruyan a los naturales della en las cosas tocantes a Nuestra Sancta Fe Católica».

Para el personal a su servicio, Cortés establece el pago de seis meses de sueldo más la manutención alimentaria durante este tiempo. En cuanto a sus vasallos indios, pide que se los indemnice por los impuestos excesivos que pueda haber cobrado. Es notoria, en este punto, su voluntad de autojustificarse. Asegura que puso todo el empeño en averiguar las contribuciones que pagaban los nativos a sus antiguos señores, pero deja abierta la posibilidad de que le hubieran informado mal. No descarta, por tanto, haberse beneficiado de tributos que no le correspondieran. Si se averigua que esto ha llegado a ocurrir, los damnificados o sus herederos deben ser compensados.

Otra cuestión delicada era la de los esclavos que habían hecho los españoles en las guerras de conquista. Cortés manifiesta aquí su preocupación de índole moral. ¿Era posible tener la conciencia limpia en este punto? En su opinión, el asunto no estaba claro porque el debate aún no se había zanjado. «Ha habido y hay muchas dudas y opiniones», afirma en el punto XXXIX de su testamento.

¿A qué se refería? Sin duda se hacía eco al impacto del pensamiento de Bartolomé de las Casas, capaz de sembrar escrúpulos incluso en uno de los protagonistas más significados de la conquista. No obstante, esta inquietud no llevó al extremeño a fijar ninguna disposición concreta. Simplemente ordena que se efectúen averiguaciones al respecto. Tal vez, más que solucionar una injusticia, pretendía tan sólo sentirse libre de culpa.

Manda, asimismo, que restituyan ciertas tierras que él había tomado si se demostraba que «eran propiamente de algunos de los naturales de aquellos pueblos». Por desgracia, su heredero, el segundo marqués del Valle, no estaba dispuesto a hacer justicia.

A última hora, nuestro protagonista introdujo en su última voluntad dos cambios importantes. El primero de ellos, desheredar a uno de sus hijos bastardos, Luis, retirándole la renta vitalicia de mil ducados que había previsto para él. Estaba harto de su comportamiento derrochador e irresponsable, pero la gota que había colmado el vaso de su paciencia había sido su proyecto de matrimonio con Guiomar Vázquez, sobrina de un viejo enemigo de Cortés, Bernardino Vázquez de Tapia.

La segunda modificación se refería al lugar donde debían reposar sus restos: si antes había dicho que en el lugar donde falleciera, ahora deseaba ser enterrado en una iglesia sevillana o allí donde ordenaran sus albaceas. Se trataba de una medida provisional, ya que el emplazamiento último de sus huesos debía ser la Nueva España, en concreto el monasterio de concepcionistas que él había fundado en Coyoacán.

¿Hay que interpretar esta decisión como una prueba de la identificación personal con las tierras de las que se había apoderado? Se ha planteado si fue español toda su vida o, por el contrario, se dejó ganar por México y lo convirtió en su patria. En realidad, este es un falso dilema. Sólo hay que fijarse en el nombre que recibió el antiguo Imperio azteca: Nueva España. En una u otra orilla del Atlántico, los conquistadores no eran otra cosa que españoles. Además, al disponer el traslado de sus restos a las Indias, Cortés, «irreductiblemente español», en palabras de José Luis Martínez, no hace otra cosa que comportarse como el hombre medieval que aún es en muchos aspectos. A fin de cuentas, un aristócrata como él tenía que reposar eternamente en las tierras de sus feudos. Con más razón en este caso, ya que las había ganado en la guerra.

## LA ODISEA DE SUS RESTOS

Nadie podía prever entonces que su cadáver iba a protagonizar una peripecia increíblemente rocambolesca. En un principio, el conquistador fue enterrado de manera provisional en el panteón de los duques de Medina-Sidonia. En 1550 se realizó una primera exhumación. La segunda tuvo lugar algunos años más tarde, cuando sus hijos por fin lo devolvieron a México y lo sepultaron en una iglesia de Texcoco. Se eligió este emplazamiento porque la construcción del convento de Coyoacán aún no se había finalizado.

De Texcoco, los restos pasaron a Ciudad de México en 1629, para ser depositados junto a uno de los descendientes de Cortés, el cuarto marqués del Valle, recién fallecido.

Este peregrinar continuaría en el siglo XVIII. Primero, con el traslado en 1716 a un nuevo sepulcro. A finales de la centuria tuvo lugar el segundo desplazamiento, al ordenar el virrey de Revillagigedo el cambio de la iglesia de San Francisco al Hospital de Jesús Nazareno, en el que hizo construir un lujoso mausoleo. El anterior, a sus ojos, resultaba en exceso humilde para una figura histórica tan decisiva. El religioso que

Los restos de Hernán Cortés

pronunció la oración fúnebre por el conquistador, fray Servando Teresa de Mier, resaltó el mérito del extremeño al acabar con el paganismo e implantar en México la verdadera fe. El sacerdote dominico, curiosamente, iba a convertirse en uno de los principales precursores de la independencia de Nueva España.

Cortés, sin embargo, parecía destinado a no descansar tranquilo. Tras la independencia de México, a principios del siglo XIX, el Congreso de la República estudió la posible destrucción de su tumba, la misma que muchos querían fulminada por un rayo. En esos días de antiespañolismo apasionado, el extremeño encarnaba «el ominoso recuerdo de la conquista». Más conciliador, Teresa de Mier sugirió que se trasladara el sepulcro de Cortés a un museo, en calidad de patrimonio histórico. No hubo oportunidad de hacerlo porque, temiéndose lo peor, el escritor Lucas Alamán escondió los huesos y no dejó huella del sepulcro.

Los restos del conquistador permanecieron en paradero desconocido hasta 1946, fecha en la que se descubrieron en el Hospital de Jesús, donde se añadió, al año siguiente, una austera placa de bronce, con su nombre, su escudo de armas y los años de su nacimiento y de su muerte.

## HERMANOS Y CONSPIRADORES

La fama de Hernán Cortés ha oscurecido, lógicamente, la de sus descendientes. Pero tres de ellos se vieron involucrados en 1566 en una conjura para independizar México de España, aunque no todos los historiadores dan por segura su culpabilidad. El líder era el segundo Marqués del Valle, don Martín, pero también se hallaban implicados dos de sus hermanastros, su tocayo, es decir, el hijo de la Malinche, y Luis. El plan contaba con el apoyo de algunos encomenderos, decididos a impedir que la Corona limitara sus privilegios económicos. A su favor contaban con la enorme riqueza del marqués, pero este, a diferencia de su padre, mostró un carácter poco resolutivo. No hizo otra cosa que perder el tiempo ofreciendo grandes fiestas, en las que exhibía su pasión por el derroche y su altanería. Finalmente fue apresado junto a sus hermanastros. Los tres fueron condenados a muerte, pero un nuevo virrey, el marqués de Falces, les salvó la vida. Finalmente, don Martín sería juzgado en España, donde la justicia le confiscó su patrimonio y lo envío a África. Sin embargo, algunos años después fue indultado. Recuperó sus bienes, pero siguió sin poder regresar a México. A Luis, en cambio, sí le fue posible volver. Sin duda, el peor parado fue Martín «el Mestizo», que acabó sometido a torturas aunque no por ello confesó. Terminaría sus días en el destierro.

# 11

## Juicios encontrados

La posteridad ha sido ambigua con Hernán Cortés. Mientras en España se lo mitificó como si fuera un héroe sobrehumano, México intentó presentarlo como el punto más negro de la memoria nacional.

El historiador británico Henry Kamen, en una de sus frecuentes afirmaciones polémicas, sostiene que, por lo general, España ha negado un papel reconocible a sus héroes, es decir, a aquellos que han contribuido de manera destacada a la consecución de sus glorias. Sería un país donde nunca ha existido, en su opinión, una ética del patriotismo.

Sin embargo, el propio Kamen sabe perfectamente que Hernán Cortés fue objeto, desde el principio, de la adoración de los españoles. Gonzalo de Illescas, por ejemplo, lo considera un instrumento de Dios por arrancar a los indios de la Nueva España de las garras del paganismo. López de Gómara, en su *Historia de la conquista de México,* no duda en presentarlo como a un héroe superior a los de la Antigüedad clásica, ya que nadie entonces había realizado hazañas comparables: «Ningún griego ni romano ni de otra nación, después que hay reyes, hizo cosa igual que Fernando Cortés en prender a Moctezuma, rey poderosísimo, en su propia casa, en lugar fortísimo, entre infinidad de gente, no teniendo sino cuatrocientos y cincuenta compañeros».

Cierto que Bartolomé de las Casas dedicó al extremeño duras críticas, pero no faltó quien lo defendiera. Entre ellos, el franciscano fray Toribio de Benavente, Motolinía, quien lo consideraba el instrumento de Dios para la predicación del Evangelio en unas tierras hasta entonces desconocidas: «Puso a los indios que tuviesen reverencia a los santos sacramentos, y a los ministros de la Iglesia». Difícilmente, pues, se podían exagerar sus servicios a Dios y al Rey. Otro importante religioso, Bernardino de Sahagún, coincidió plenamente en apreciarlo como un hombre providencial.

De hecho, Cortés se convirtió en la encarnación de lo que debía ser el perfecto caudillo. En *Milicia indiana,* una especie de manual de autoayuda para el aspirante a conquistador, Vargas Machuca le prodiga todo tipo de elogios: determinado, diligente, prudente, de buena edad, buen cristiano… Gracias a todas estas cualidades había conseguido lo imposible, vencer a un gran imperio con menos de mil hombres. El valor y la temeridad, como apuntó Winston A. Reynolds, son dos de los atributos que más acostumbran a destacar los escritores hispanos.

Miguel de Cervantes, por su parte, lo ensalza denominándolo «cortesísimo Cortés». Lope de Vega, en *La mayor desgracia de Carlos V,* lo presenta como un héroe superior al mismísimo Alejandro Magno. Francisco de Quevedo no se queda atrás en esta visión tan sumamente positiva, al lamentar que sus contemporáneos no estén a la altura del héroe de México. En cuanto a Baltasar Gracián, encontramos una alabanza suya a Cortés por haber sabido escoger oficio. Por el camino de las letras sólo le habría esperado la mediocridad. Por el de las armas, en cambio, «se empinó a la cumbre de la eminencia».

Tampoco faltan, a lo largo de los siglos XVI y XVII, los poemas épicos en los que el medellinense aparece como protagonista. Nos encontramos, sin embargo, ante obras mediocres que pasaron justamente desapercibidas. La única con un cierto mérito se debe a la pluma de Gabriel Lobo Lasso de la Vega y se publicó en 1588, bajo el título de *Cortés valeroso*. Seis años después se reeditaría como *Mexicana*.

El conquistador también se halló presente en cierto número de romances, aunque tampoco excesivos. Resulta llamativo que los más famosos no sean los que cantan sus gestas sino, por el contrario, los relativos a sus fracasos. Por ejemplo, el titulado *En la corte está Cortés,* acerca de la ingratitud de la Corona a la hora de reconocer sus méritos. Se abundaba así en un tema muy querido por las letras peninsulares, el del héroe enfrentado a la ingratitud del poder.

Ante una España que ejerce de gran superpotencia europea y ultramarina, la crítica a la conquista de América se convierte en una herramienta de la lucha contra la hegemonía hispana. Se multiplican entonces las críticas a la violencia de los colonizadores contra los indios. Tales denuncias inspiran una reacción nacionalista que enfatiza los méritos de la actuación española en el Nuevo Mundo. Así, en la introducción de su *Historia de la conquista de Méjico,* el cronista Antonio de Solís (1610-1686) lamenta la distorsión que introducen los historiadores foráneos al hablar de las Indias. Su mayor error es el de tomar la parte por el todo, «gastando libros enteros en culpar lo que erraron algunos para deslucir lo que acertaron todos». Solís, pues, no se cierra a críticas puntuales. Admite que en determinados casos se pudieron dar comportamientos reprobables. Lo que no acepta es que se utilice sólo el saldo negativo, dejando en la penumbra todo lo demás. Por eso, apartándose de lo que juzga un hipercriticismo, se esfuerza en sacar a la luz los méritos de Cortés, un hombre «que supo hacerse tan grande con sus obras».

## Cortés desde la Nueva España

La visión de los criollos mexicanos, mientras tanto, no se apartó de esta óptica laudatoria, pero adquirió perfiles propios. Para la aristocracia blanca del virreinato, su figura venía a ser la de una especie de padre fundador, al que todos debían su bienestar y sus privilegios.

Por otra parte, no es casual que el extremeño aparezca como el artífice de indiscutibles hazañas, al que Carlos V, en un gesto de ingratitud, despoja de su autoridad. ¿Podemos hablar de una especie de versión novohispana del viejo mito del Cid, el paladín castellano que habría sido un gran vasallo de tener un buen señor? Tal vez. Lo que cuenta es la utilización de la historia con un objetivo político porque, en palabras de Enrique Krauze, «el agravio apenas larvado de los criollos con respecto a la Corona se proyectaba retrospectivamente en la figura de Cortés».

Los panegíricos, sin embargo, topaban con un obstáculo importante. La violencia de la conquista resultaba demasiado evidente como para ocultarla... Para salvar el escollo, se acudió al expediente de negar la responsabilidad de Cortés. Los culpables de las matanzas habían sido otros, hombres sin más horizonte que la consecución de las riquezas. De este parecer era, por ejemplo, el historiador y literato Carlos Sigüenza y Góngora (1645-1700). Su postura repetía, en cierta forma, el extendido cliché que exculpaba por sistema al

Toma de Tenochtitlán

gobernante. En caso de injusticias, la responsabilidad siempre se atribuía a segundones malintencionados, de forma que la inocencia del líder quedara a salvo y con ella la legitimidad del orden social.

Un siglo después, con el movimiento ilustrado, la percepción de la conquista se volvería más distante, aunque no por ello se dejaran de reconocer cualidades en sus artífices. Francisco Javier Clavijero, en su *Historia antigua de México,* presenta un retrato de Cortés muy próximo a la hagiografía, tanto por su valor como por su ingenio, su capacidad de liderazgo o su religiosidad. Sin embargo, sus innegables cualidades se habían visto ensombrecidas «con algunas acciones indignas de la grandeza de su alma». Por otra parte, Clavijero valoraba en términos muy negativos las consecuencias del dominio español. Los mexicanos se habían visto sometidos a una horrible opresión, un castigo divino por los vicios de sus ancestros, en los tiempos anteriores a la llegada de los castellanos.

## Cortés y la construcción de México

A partir de la independencia, los escritores liberales juzgarán a Cortés en términos severos, en tanto que arquetipo de la más despiadada represión. Su figura se sitúa así sólo un peldaño más abajo que la de Lucifer. En el siglo xix, como bien ha explicado Enrique Krauze, la opinión sobre el extremeño servía para situar a una persona a un lado o a otro del espectro ideológico. Unos lo ensalzaban por su aportación benéfica al país, otros lo condenaban por sus crímenes innombrables. Tampoco había acuerdo en la cronología de los acontecimientos. Concluir el relato con la caída de Tenochtitlán, ¿no implicaba una forma de tendenciosidad? Si la mirada se concentraba únicamente en la conquista militar, la conquista religiosa, más dilatada en el tiempo, quedaba fuera de la atención historiográfica.

Para los mexicanos de la época republicana, el mundo de los aztecas se convierte en una suerte de edad antigua, equivalente a lo que es la edad grecolatina entre los europeos. Ello supone construir el mito de una nación mexicana indígena, como si el Imperio azteca fuera sinónimo del México moderno cuando, en realidad, tan sólo ocupaba una cuarta parte de su extensión. Se plantea entonces que antes de 1519 existía una colectividad homogénea, como si el territorio que encontró Cortés no lo habitaran múltiples pueblos, de lenguas diversas, enfrentados entre sí.

El relato nacionalista pasa por alto la pluralidad del México prehispánico porque sus objetivos no son científicos sino ideológicos. Hay que construir una Historia que favorezca la cohesión del estado surgido de la independencia. Así, los héroes de la lucha contra Hernán Cortés pasan a ser un modelo de valores cívicos, acreedores de la devoción de cualquier patriota. Para favorecer este espíritu reverencial, los pintores y escultores académicos acostumbran a representar con togas romanas a estas grandes figuras. El anacronismo no importa: de lo que se trata es de conectar a la nación decimonónica con el mundo previo a la conquista, pasando por encima de la etapa del virreinato, degradada a la mísera condición de tiempo oscuro de dominación extranjera. Los tres siglos virreinales, por definición, un tiempo de servidumbre, serían un gigantesco paréntesis entre dos momentos de plenitud: el esplendor de los mexicas y la emancipación de España. Esta última se concibe casi en términos teológicos: representa la restauración que sigue a la caída que supuso la conquista extranjera.

Entre los que se hallan en esta línea sobresale Carlos María de Bustamante (1774-1848), un autor que ha merecido elogios por su labor pionera en la historiografía y en la edición de fuentes, aunque más de una vez lo han criticado por su escaso rigor. Nacionalista mexicano convencido, arremetió ferozmente contra los conquistadores, con tal entusiasmo que William H. Prescott (1796-1859) le dedicó una ironía cargada de veneno: «Es un necio digno de la Edad Media y furioso contra los antiguos españoles como si él descendiera directamente de Guatimozin». Con estas palabras, el prestigioso historiador norteamericano ponía el dedo en la llaga, al señalar una llamativa contradicción. Los criollos, descendientes de españoles, no se remitían a sus antecesores hispanos sino al pasado precolombino. En el orden simbólico, reverenciaban a los nativos que llevaban varios siglos muertos. En la vida real, despreciaban a los descendientes de esos nativos.

No obstante, por una extraña paradoja, este mismo Bustamante fue el que llegó a definir a Cortés como «el mejor, el más sabio y humano de los conquistadores de las Américas».

## Los hispanófilos

La realidad es que no todos los mexicanos, ni mucho menos, estaban de acuerdo a la hora de menospreciar la herencia hispana. Este es el caso, por ejemplo, de Lucas Alamán, quien fue, en palabras de Krauze, «el defensor más sólido del legado español». Contrario a una interpretación del pasado en la que sólo parecían existir indígenas, se propone hablar de los conquistadores con ecuanimidad, sin esconder sus crímenes ni silenciar sus méritos. Lo que no obsta para que tenga una altísima opinión de Cortés, al que presenta como un civilizador. Su conquista de México sería comparable a la expansión de Roma, al haber unido bajo un mismo poder a diferentes pueblos, proporcionándoles una misma lengua y una misma cultura. Lejos de ser el bárbaro que dibujaban sus críticos, sería el elegido de la Providencia para llevar el progreso y la religión a nuevas tierras. No importaba tanto la violencia de los métodos empleados como las consecuencias a largo plazo, indudablemente positivas. Al fin y al cabo, ¿qué nación moderna no tenía origen en una invasión, fuera esta de romanos, francos o godos?

La conquista, en definitiva, habría sido justa. Tan justa como la independencia, tres siglos después. Alamán rechazaba legitimar la emancipación en un supuesto vicio de origen del dominio español, al observar que este camino lo conducía a un callejón sin salida. ¿Cómo justificar, entonces, que la república mexicana poseyera una extensión superior a la del antiguo Imperio azteca? El país se había formado gracias a la ocupación de diversos territorios por parte de los españoles: no era cuestión de deshacer todo eso. Por otra parte, juzgaba que en ninguna época México había alcanzado tanta prosperidad como en los siglos virreinales.

Su postura se entiende mejor si tenemos en cuenta que es la de un hombre al servicio de un descendiente de Cortés, el duque de Monteleone. Como representante de la élite blanca, y líder del partido conservador, Alamán se oponía con todas sus fuerzas a la insurgencia indígena, lo que entonces se denominaba «guerra de castas». Hacia mediados del siglo XIX, estos levantamientos constituían una amenaza muy tangible para los que se autodenominaban «gente decente», hasta el punto de necesitar la protección de las tropas de Estados Unidos. Mientras las clases acomodadas, en Europa, temían el fantasma del proletariado, en México, como en otros países de Latinoamérica, sentían pavor ante un hipotético dominio de los que no pertenecían a la raza blanca.

No es extraño, pues, que Alamán prefiriera a Cortés antes que a los antepasados de esos indios que tanto lo inquietaban, aunque no por ello deje de reconocer que los aztecas cayeron con gloria.

## ¿HÉROE O DEMONIO?

En una línea similar se situó el historiador William H. Prescott, autor de uno de los grandes clásicos sobre la conquista. Ante una historiografía que juzgaba falta de rigor, el norteamericano se propuso acudir a los documentos primarios. Con un éxito descomunal, su *Historia de la conquista de México,* publicada en 1843, marcaría un hito por la amplitud de las fuentes utilizadas, pero también por la indiscutible maestría literaria del autor. Por ambas cualidades, este *best-seller* aún se reedita en la actualidad. Cinco años después de su aparición, las tropas norteamericanas lo utilizarían como libro de cabecera en su invasión del antiguo territorio azteca, ante la impotencia de Prescott, totalmente opuesto a que se utilizara su obra en una guerra de agresión «loca

William H. Prescott

y deshonesta». Por mucho que lo deplorara, su libro se había convertido en una especie de guía turística, la que utilizaban los soldados yanquis para visitar monumentos como la pirámide de Cholula.

Los mexicanos, lógicamente, no fueron indiferentes a un estudio que alcanzó rápidamente la categoría de clásico. Sus reacciones respondían a diversos matices ideológicos. Para Lucas Alamán, la historia de Prescott marcaba un antes y un después por ser «la primera obra escrita en México, desde la independencia, en la que se hace justicia a Cortés». En sentido contrario se manifestó José Fernando Ramírez, que reprochó a Prescott su desmedido entusiasmo hacia la figura del conquistador, hasta el extremo de suavizar sus atrocidades. Tanta benevolencia se debía, en su opinión, a un doble rasero moral. Las alabanzas del anglosajón contrastaban, dolorosamente, con una actitud desdeñosa hacia los indígenas, rebajados a la categoría de simples bárbaros. Pero, pese a estas y otras objeciones, Ramírez no ocultaba su admiración hacia el artífice de una ímproba investigación, capaz de ofrecer multitud de datos inéditos.

Frente a los elogios que aún recibía el conquistador extremeño, los autores nacionalistas insisten en la necesidad de cuestionar los viejos mitos. Uno de ellos, Ignacio Ramírez, conocido como el Nigromante, acusa a Cortés de haber llevado la sífilis, la viruela, los inquisidores y otros desastres. Su obra de teatro *La Noche Triste*, publicada en 1876, aporta una buena muestra del sentimiento de indignación que suscitaba esta interpretación histórica.

Otro ejemplo representativo lo encontramos en un canto épico, *Cuauhtémoc,* publicado por Eduardo del Valle en 1886, por tanto, durante el largo y dictatorial gobierno de Porfirio Díaz, una etapa en la que se consolida el culto patriótico al citado emperador azteca. En un largo y beligerante prólogo, el polígrafo y editor Ignacio Manuel Altamirano presenta a Cortés como el jefe de una banda de salteadores que, sin embargo, se han llevado la gloria de la posteridad, hasta el punto de convertirse en «ídolos falsos que nadie se atrevió a derribar». Al extremeño, como mucho, se le puede reconocer la audacia y la astucia, pero nada más: un examen de su trayectoria lo despoja del oropel de sus abundantes panegíricos. Su imagen gloriosa responde a las mentiras de la propaganda, a cual más exagerada, fruto del servilismo de cronistas como López de Gómara en el siglo xvi y Alamán en el xix. Altamirano los descalifica tachándolos de «criados de Cortés», expresión que toma de Bartolomé de las Casas.

Las auténticas proezas, sin embargo, no las acometió el caudillo español, sino el pueblo mexica, por la resistencia numantina en Tenochtitlán pese a su tremenda situación de inferioridad. Apenas contaba con armas muy rudimentarias, pero aun así puso en apuros al enemigo. Es por eso que ningún otro episodio histórico puede competir con esta defensa, como motivo de legítimo orgullo para los mexicanos. Excepción hecha, por supuesto, de la guerra de Independencia a principios del siglo xix.

Altamirano no encuentra palabras lo bastante fuertes para condenar a los conquistadores. Ellos fueron artífices de «horrendos crímenes», sin más móvil que la sed insaciable de oro. Vencieron porque la suerte estuvo de su lado, no por su valor.

Desde tal óptica, la batalla de Otumba, lejos de ser una victoria épica, no pasaría de «insignificante escaramuza». Prueba de su escasa importancia sería la supuesta intervención en el combate del apóstol Santiago, único medio de proporcionar un mínimo de dignidad épica a lo que habría carecido de cualquier trascendencia. Obsesionado con minusvalorar como sea la actuación de las tropas hispanas, nuestro autor llega a decir que esta se redujo, en realidad, a la toma de la capital, con la ayuda de miles de indígenas que habrían sido lo bastante ingenuos para cambiar la tiranía azteca por otra mucho peor. La afirmación, tajante como si fuera una verdad indiscutible, pasaba por alto un hecho incómodo: tribus como la tlaxcalteca lucharon con los españoles en calidad de aliados, no como pueblos sometidos.

De todas formas, pese a lo que pueda parecer a primera vista, en Altamirano no hay antiespañolismo. Al final de su texto precisa que todas sus críticas no contradicen su afecto fraternal hacia España, a la que ama, no por los conquistadores, evidentemente, sino por Bartolomé de las Casas y otros misioneros benefactores. O por figuras que, ya en el siglo xix, han beneficiado de algún modo al pueblo mexicano. Como el general Prim, quien se negó a secundar la política de ocupación de Napoleón III. Su España, en suma, es el país hermano, no la potencia dominadora.

Entre finales del siglo xix y principios del xx, contraponer la grandeza de moral de Cuauhtémoc a la falta de escrúpulos de Cortés se convirtió en un lugar común. Lo que no obsta para que los liberales de la época cayeran en una llamativa contradicción. Al tiempo que ensalzaban el pasado azteca, creían en el efecto benéfico de la conquista, imaginada como un paso decisivo en el camino del progreso. Según Justo Sierra, la victoria española, pese a sus terribles consecuencias, era necesaria para superar «un cuadro de dioses voraces y multitudes espantadas». De ahí que Sierra promoviera una visión de la conquista que hacía más hincapié en la convergencia de dos culturas que en las atrocidades de los europeos. Ello explica por qué, en 1910, con motivo del centenario de la independencia, se escenificó la primera entrevista entre Moctezuma y Hernán Cortés, cuando años antes se habría hecho hincapié en la toma de Tenochtitlán a sangre y fuego.

Se podía admitir que Cortés era el fundador de México, pero eso no implicaba guardarle afecto. Cierto que había fundado una nación, pero sólo guiado por la codicia. La patria, en cambio, era otra cosa. Arrancaba con la independencia, no con la llegada de los españoles. Y su artífice había sido un sacerdote, Miguel Hidalgo.

## Polarización persistente

Con el estallido de la Revolución mexicana, las ideas indigenistas cobraron nueva fuerza, lo que redundó en un recrudecimiento del anticortesianismo. Es por eso que los pintores muralistas retrataron a nuestro personaje como un feroz asesino. Diego Rivera, en sus frescos para el Palacio Nacional de Ciudad de México, lo hizo aparecer como un ser deforme, de espalda encorvada, obsesionado con el oro.

En el campo de la historiografía, Eulalia Guzmán representa esta crítica radical. Su Cortés es una figura esencialmente maligna, llena de ambición, de poder, riquezas y sexo. Encarna al antihéroe por antonomasia, por más que otros lo quieran presentar en términos positivos. El veredicto de Guzmán resulta, en este sentido, terminante: «Es ridículo llamar héroe y gran capitán a quien ganó porque lo tenía todo menos escrúpulos y porque, cubierto de hierro y usando armas de fuego y acero, y caballos, combatió contra hondas y flechas».

Sin embargo, frente a esta descalificación radical, en el siglo xx pervive la tradición que considera a Cortés el padre de México. De esta opinión era, por ejemplo, José Vasconcelos: «Sea cual fuere la raza a la que pertenezca, todo el que se sienta mexicano debe a Cortés el mapa de su patria, y la primera idea de conjunto de la nacionalidad». Para el célebre ensayista, la identidad de su país resultaba de la mezcla entre el legado indígena y la aportación hispana, tanto de los conquistadores como de los emigrantes que más tarde se establecieron en el virreinato. Con esta fusión había surgido una raza nueva, ni blanca ni india, a caballo entre Europa y América. De ahí el significativo título de una de sus obras: *Hernán Cortés, creador de la nacionalidad*. Porque, antes de su llegada, lo que existía no era una nación, sino

Los españoles en un fresco de Diego Rivera

un conjunto de tribus bárbaras sin ninguna conciencia de identidad común, dedicadas a luchar entre ellas.

Vasconcelos fue un escritor de prosa amena y llena de colorido, no un historiador profesional. Su fuerte es insuflar vida a las palabras, no el rigor en la documentación. Nada más empezar, atribuye a su protagonista ancestros italianos y lo sitúa, a los dieciséis años, en la Universidad de Alcalá, no en Salamanca. Pero eso carece, en realidad, de importancia: lejos de perderse en los detalles, trata de hallar el sentido profundo de los acontecimientos. En su opinión, la obra de España en América no fue un imperialismo cualquiera, basado en el expansionismo militar, sino un proyecto civilizatorio que aportó al Nuevo Mundo la riqueza cultural de Occidente, gracias al liderazgo de espléndidos guerreros como Cortés, un hombre capaz de jugarse el todo por el todo, no una vez, sino siempre. «La quema de las naves que después le daría fama imperecedera, no fue en él un episodio singular; vivió quemándolas». Sin embargo, no se limitó a ser un conquistador audaz. Vasconcelos, con irreprimible admiración, lo considera también un estadista y, más importante aún, el artífice

271

de la evangelización de las tierras mexicanas: «Ahora, por primera vez, un capitán iba a hacer también de apóstol». Es más, lejos de ser el genocida que pintaban sus críticos, el extremeño habría sido un libertador al sacudir el yugo de los aztecas sobre tantos pueblos indígenas. Cierto que cometió atrocidades, pero comprensibles en circunstancias desesperadas y, en cualquier caso, nunca comparables a las protagonizadas por la colonización anglosajona.

¿De dónde viene, pues, el odio de los mexicanos hacia el conquistador? Según Vasconcelos, procede en parte de las reformas borbónicas, que significaron una ruptura con la tradición democrática que atribuye a la España de los Habsburgo. A partir de Carlos III, el gobierno civil habría perdido peso a favor del militar, sin más objeto que oprimir a los pueblos. De esta sujeción respecto a la metrópoli se culparía irreflexivamente a Cortés, sin tener en cuenta los cambios acaecidos desde el siglo XVIII.

Más recientemente, otros intelectuales mexicanos, igualmente relevantes, se han manifestado contra la condena sin matices a Cortés. Miguel León-Portilla, toda una institución dentro del mundo historiográfico, afirma que en el extremeño «se reconoce al conquistador más prominente de los tiempos modernos». En su opinión, podemos tener un juicio negativo de la conquista si atendemos sólo a los efectos inmediatos, pero la valoración cambia si la analizamos a largo plazo.

Por su parte, el biógrafo Juan Miralles se ha pronunciado a favor de que el país asuma su pasado en toda su integridad. Lo mismo que el escritor Carlos Fuentes, que aborda la figura de la Malinche en su obra teatral *Todos los gatos son pardos* (1970). En contraposición a los habituales discursos maniqueos, Fuentes apuesta por los matices. Condena el colonialismo venido de fuera, por supuesto, pero no olvida que en México también existe un colonialismo interior, ejercido a diario sobre millones de personas.

En una clara alusión a la dictadura del PRI (Partido Revolucionario Institucional), Moctezuma aparece como una figura autocrática, obsesionada con que sus vasallos no se atrevan a expresar deseos propios. Él encarna el poder absoluto, que no admite la duda, menos aún la disidencia. «¡Asesinen a los soñadores!», exclama en cierta ocasión, en una clara referencia a la matanza de Tlatelolco, perpetrada por el Gobierno mexicano contra el movimiento estudiantil. Sin embargo, prisionero de sus temores, no se atreve a utilizar su inmensa autoridad contra el invasor europeo, de manera que acaba siendo un tirano de los esclavos y un esclavo de los tiranos, es decir, de los españoles. Lo es todo, pero en realidad quisiera ser un don nadie, lejos de sus agobiantes responsabilidades.

Hernán Cortés, en cambio, es un don nadie que aspira a serlo todo. Ha dejado atrás las miserias de su hogar por un mundo nuevo en el que no tiene nada que perder, un mundo que él contribuirá decisivamente a forjar, en el que cualquier quimera puede materializarse. Y que se habrá convertido en la auténtica España, un país que ya no estará en la península sino en las nuevas fronteras que abren sus hijos. El extremeño, en suma, representa el triunfo de la meritocracia frente a los privilegios heredados, las esperanzas de unas gentes que cruzan el mar para ser, por fin, dueños de sus propias vidas, lejos de una tierra en la que habrían permanecido esclavizados a los poderosos.

Marina, indígena y a la vez amante de Cortés, pertenece a dos mundos que chocan y, en cierta manera, no pertenece a ninguno. Por eso está en una situación privilegiada para contar la historia «de una nación que dudó demasiado (la azteca) y la de otra nación que dudó demasiado poco (la española)». Sensible y lúcida, sabe captar lo que hay de oculto en el conquistador, incluso

Carlos Fuentes

para sí mismo. Cuando este le dice que no estaría en la Nueva España de haber tenido riquezas y mujeres, ella, suavemente, le hace ver que aún en ese supuesto se habría lanzado a la aventura. Quiere verlo convertido en el amo y señor de México, no sólo como gobernante civil sino transformado en su propio dios, una idea que al español, fiel católico, le produce vértigo por lo blasfema. La Malinche ejerce de tentadora, transfigurada en una suerte de Eva indígena que ofrece a Cortés-Adán la manzana prohibida del poder, la que obtendría si se rebelara contra su Rey, trasunto del mismo Dios. Sin embargo, a la vez, este demonio seductor constituye una presencia benéfica. Es la voz que recuerda al guerrero que no debe destruir la tierra sobre la que aspira a mandar. La voz que le recrimina que ha cambiado una tiranía, la de Moctezuma, por otra. La voz que le reclama la humildad de aprender de los pueblos indígenas, como estos aprenden de los españoles.

Cortés, por desgracia, piensa que la sangre es necesaria. Cree que después del trauma inicial, en una segunda fase, podrá construirse un mundo nuevo y mejor. A través de esta postura, Fuentes parece criticar las pretensiones de la izquierda más mesiánica, partidaria de la violencia como «partera» de la historia. Frente a la locura de este sueño, Marina, con los pies en la tierra, advierte que nada bueno puede esperarse de lo que nace con muertes.

En el fondo, aunque parezcan opuestos, Cortés y Moctezuma son dos caras de una misma moneda. Ambos se imaginan capaces de dominar el poder sin sospechar que es el poder el que va a devorarlos a ellos. El emperador acabará muerto y el conquistador sometido a un monarca ingrato, vejado por una burocracia que lo sumerge en mil contratiempos. Cuando el azteca se da cuenta de la similitud que lo une a su oponente, siente un rotundo alivio: el universo que conoce no morirá aún. Los españoles, a su modo, serán sus herederos, en tanto señores de un país en el que continuarán las divisiones entre amos y siervos. Marina representa la unión de la sangre india y la europea, pero México vivirá la tragedia de estar dividido contra sí mismo, porque los blancos no verán en los mestizos a sus hermanos, sino a simples subalternos.

En este y otros textos, el escritor mexicano dirige fuertes críticas contra una historia patriótica en la que se pasa de la conquista a la independencia, como si la época española fuera un gran agujero negro. Su postura, por el contrario, apuntaba a la revalorización de la herencia hispana, llena a su juicio de aspectos positivos. «Los mejores gobiernos que hemos tenido son los virreyes», afirmó en *El siglo que despierta,* un libro donde Fuentes charlaba con el político chileno Ricardo Lagos. A su entender, México no debe basarse en una mitificación hipócrita del pasado indígena, consistente en enaltecer a los indios del pasado prehispánico mientras se niega el pan y la sal a los de carne y hueso, en el presente.

## Aspirantes a émulos

Se suele recordar que los conquistadores españoles fueron objeto de duras críticas por su crueldad, pero no tanto porque también se les ha considerado un ejemplo a seguir. Por ejemplo, en Gran Bretaña, un país con su propia política colonial en Norteamérica, Walter Raleigh, uno de sus más célebres corsarios, quiso emular a Hernán Cortés y a Francisco Pizarro con sus repetidos y desastrosos intentos de encontrar El Dorado, la mítica tierra del oro. Creyéndose sus propias fantasías, Raleigh había prometido a sus compatriotas más riquezas que las halladas en México y Perú.

Otro aspirante a conquistador, igualmente fracasado, fue Pedro Fernández de Quirós, un portugués al servicio de España, protagonista de un viaje a las islas Salomón y de otro en busca de la Terra Australis, el continente que supuestamente existía para equilibrar en el sur la masa de tierra del norte. A la hora de defender su proyecto, este navegante no tenía problema en compararse con las figuras más insignes: «Empresas arduas y difíciles piden la resolución de César, Alejandro, Pirro, y de nuestro Colón, Gama, Magallanes, Pizarro y Cortés y otros que grandes cosas acometieron y acabaron».

# Bibliografía

BENNASSAR, Bartolomé. *Hernán Cortés, el conquistador de lo imposible.* Madrid: Temas de Hoy, 2002.

BAUDOT, Georges. *México y los albores del discurso colonial.* México: Patria-Nueva Imagen, 1996.

BRENDECKE, Arndt. *Imperio e información. Funciones del saber en el dominio colonial español.* Madrid: Iberoamericana-Vervuert, 2012.

CARDONA, Gabriel; LOSADA, Juan Carlos. *Malos de la Historia de España.* Madrid: La Esfera de los Libros, 2013.

CERVANTES DE SALAZAR, Francisco. *Crónica de la Nueva España.* Madrid: The Hispanic Society of America, 1914.

Clemente Ramos, Julián. *La tierra de Medellín (1234- c. 1450). Dehesas, ganadería y oligarquía.* Diputación de Badajoz, 2007.

Cortés, Hernán. *Cartas de la conquista de México.* Madrid: Sarpe, 1985.

Cunninghame Graham, Robert B. *Bernal Díaz del Castillo. Historiador de la Conquista.* Sevilla: Espuela de Plata, 2010.

Darwin, John. *El sueño del imperio. Auge y caída de las potencias globales, 1400-2000.* Madrid: Taurus, 2012.

Del Valle, Eduardo. *Cuauhtémoc. Poema en nueve cantos.* México: Oficina Tip. de la Secretaría de Fomento, 1886.

Díaz del Castillo, Bernal. *Historia verdadera de la conquista de Nueva España.* Madrid: Real Academia Española, 2011.

Duverger, Christian. *Cortés.* París: Fayard, 2001.

—, *Cortés et son double. Enquête sur une mystification.* París: Seuil, 2013.

Elliott, John H. *«El mundo mental de Hernán Cortés».* En: Elliott, John. H. *España y su mundo (1500-1700).* Madrid: Taurus, 2007. p. 51-68.

Espino López, Antonio. *La conquista de América. Una revisión crítica.* Barcelona: RBA, 2013.

Fuentes, Carlos. *Todos los gatos son pardos.* México D. F.: Siglo XXI, 2008.

GONZÁLEZ HERNÁNDEZ, Cristina. *Doña Marina (La Malinche) y la formación de la identidad mexicana*. Madrid: Encuentro, 2002.

GONZÁLEZ SÁNCHEZ, Carlos A. *Homo viator, homo scribens*. Madrid: Marcial Pons, 2007.

HANSON, Victor Davis. *Matanza y cultura. Batallas decisivas en el auge de la civilización occidental*. Madrid: Turner/Fondo de Cultura Económica, 2004.

HELIODORO VALLE, Rafael. *Semblanza de Cristóbal de Olid*. México D. F.: Fondo de Cultura Económica, 1998.

HERREN, Ricardo. *Doña Marina, la Malinche*. Barcelona: Planeta, 1992.

KAMEN, Henry. *Poder y gloria. Los héroes de la España Imperial*. Madrid: Espasa, 2010.

KRAUZE, Enrique. *La presencia del pasado. La huella indígena, mestiza y española de México*. Barcelona: Tusquets, 2005.

LAS CASAS, Bartolomé de. *Historia de las indias* (Vol. 3). Caracas: Biblioteca Ayacucho, 1986.

LEE MARKS, Richard. *Hernán Cortés. El gran aventurero que cambió el destino del México azteca*. Barcelona: Vergara, 2005.

LEÓN-PORTILLA, Miguel. *Hernán Cortés y la Mar del Sur*. Madrid: Ediciones Cultura Hispánica/Instituto de Cooperación Iberoamericana, 1985.

—, (ED.). *Visión de los vencidos. Relaciones indígenas de la conquista.* México: Universidad Nacional Autónoma de México, 2007.

Livi Bacci, Massimo. *Los estragos de la conquista.* Barcelona. Crítica, 2006.

López de Gómara, Francisco. *Historia de la Conquista de México.* Caracas: Biblioteca Ayacucho, 2007.

Lucena Salmoral, Manuel. *Hernán Cortés, la espada de Quetzalcóatl.* Madrid: Anaya, 1988.

Madariaga, Salvador de. *Hernán Cortés.* Madrid: Espasa, 2009. (1.ª ed., 1941).

Maquiavelo, Nicolás. *El Príncipe.* Barcelona: Ariel, 2013.

Martines, Lauro. *Un tiempo de guerra. Una historia alternativa de Europa.* Barcelona: Crítica, 2013.

Martínez, José Luis. *Hernán Cortés.* México D. F.: Fondo de Cultura Económica, 1990.

—, *Hernán Cortés. Semblanza.* México D. F.: Fondo de Cultura Económica, 1997.

Martínez Martínez, María del Carmen (ED.). *En el nombre del hijo. Cartas de Martín Cortés y Catalina Pizarro.* México D. F.: Universidad Nacional Autónoma de México, 2006.

Mira Caballos, Esteban. *Las Antillas Mayores, 1492-1550. Ensayos y documentos.* Madrid: Vervuert-Iberoamericana, 2000.

—, «La Hacienda de Martín Cortés, padre del conquistador de México». En: Alcántara, 2007; 67: 99-112.

—, *Hernán Cortés, el fin de una leyenda*. Cáceres: Palacio de los Barrantes-Cervantes, 2010.

MIRALLES, Juan. *Hernán Cortés. Inventor de México*. Barcelona: Tusquets, 2001.

—, *La Malinche. Raíz de México*. México D. F.: Tusquets, 2004.

MUÑOZ MACHADO, Santiago. *Sepúlveda, cronista del emperador*. Barcelona: Edhasa, 2012.

NAVARRETE LINARES, Federico. *La conquista de México*. México D. F.: Tercer Milenio, 2000.

PASTOR, Rodolfo. *Historia mínima de Centroamérica*. Madrid: Turner, 2013.

PEREYRA, Carlos. *Hernán Cortés*. México D. F.: Espasa-Calpe, 1959.

RAMOS, Demetrio. *Hernán Cortés. Mentalidad y propósitos*. Madrid: Rialp, 1992.

RESTALL, Matthew. *Los siete mitos de la conquista española*. Barcelona: Paidós, 2004.

REYNOLDS, Winston A. *Hernán Cortés en la literatura del Siglo de Oro*. Madrid: Editora Nacional, 1978.

RUIZ ISLAS, Alfredo. *«Hernán Cortés y la isla California»*. En: *Iberoamericana*, 2007; VII(27): p. 39-58.

Sahagún, Fray Bernardino de. *El México antiguo*. Caracas: Biblioteca Ayacucho, 1981.

Thomas, Hugh. *La conquista de México*. Barcelona: Planeta, 2010. (1.ª ed., 1994).

Todorov, Tzvetan. *La conquista de América. El problema del otro*. Madrid: Siglo XXI, 2010.

Tuchman, Barbara W. *La marcha de la locura. De Troya a Vietnam*. Barcelona: RBA, 2013.

Vargas Machuca, Bernardo de. *Milicia indiana*. Caracas: Biblioteca Ayacucho, 1994.

Vasconcelos, José. *Hernán Cortés, creador de la nacionalidad*. México, D. F.: Trillas, 2010.

Vázquez, Germán. *Antonio de Mendoza*. Madrid: Historia 16/Quorum, 1987.

Vila Llonch, Elisenda. *Moctezuma and the aztecs*. Londres: The British Museum, 2009.

vv. aa. *Nueva historia mínima de México*. Madrid: Turner, 2013.

## Colección Breve Historia…

- *Breve historia de los samuráis,* Carol Gaskin y Vince Hawkins
- *Breve historia de los vikingos,* Manuel Velasco
- *Breve historia de la Antigua Grecia,* Dionisio Mínguez Fernández
- *Breve historia del Antiguo Egipto,* Juan Jesús Vallejo
- *Breve historia de los celtas,* Manuel Velasco
- *Breve historia de la brujería,* Jesús Callejo
- *Breve historia de la Revolución rusa,* Íñigo Bolinaga
- *Breve historia de la Segunda Guerra Mundial,* Jesús Hernández
- *Breve historia de la Guerra de Independencia española,* Carlos Canales
- *Breve historia de los íberos,* Jesús Bermejo Tirado
- *Breve historia de los incas,* Patricia Temoche
- *Breve historia de Francisco Pizarro,* Roberto Barletta
- *Breve historia del fascismo,* Íñigo Bolinaga
- *Breve historia del Che Guevara,* Gabriel Glasman
- *Breve historia de los aztecas,* Marco Cervera

- *Breve historia de Fernando el Católico,* José María Manuel García-Osuna Rodríguez
- *Breve historia del feudalismo,* David Barreras y Cristina Durán
- *Breve historia de la utopía,* Rafael Herrera Guillén
- *Breve historia de Francisco Franco,* José Luis Hernández Garvi

## PRÓXIMAMENTE...

- *Breve historia de los conquistadores,* José María González-Ochoa
- *Breve historia de la Inquisición,* José Ignacio de la Torre Rodríguez
- *Breve historia de la Arqueología,* Jorge García
- *Breve historia del Arte,* Carlos Javier Taranilla